たった2分！

50歳からのガマンしない貯蓄術

深川恵理子

雷鳥社

はじめに

しあわせの反対は不安です。
それを失くせば、心がラクになります。
病気になったら、介護状態になったら、働けなくなったら……
アンラッキーなことを考え始めたら、
不安がとめどなく押し寄せますよね。
そんな起こるかどうか分からないことを
毎日考えていても仕方がありません。
将来起こることなんて誰にも分からないんですから。

それより、60代、70代、80代……
健康でどう楽しく過ごすか、それを考えませんか？
それに、美しく歳を重ねていきたいですよね。
しわくちゃの不幸せそうなおばあちゃんではなく、

笑顔のチャーミングなおばあちゃんを目指したいものです。
人生は、思ったように考えたように進んでいくもの。
今の積み重ねが未来を作ります。

そして、お金は
健康で楽しく生きる上で欠かせない
重要なパートナーです。

例えば、老後、夫婦二人1カ月30万円で暮らすとします。
もらえる年金が22万円。不足額は、8万円。
90歳まで生きると決まっていれば、
(30万円−22万円)×12カ月×25年＝2，400万円。
この2，400万円を自分たちで準備すれば、OK！
このように明確に分かっていれば、不安に思うのではなく、
その不足分をどうするか考え、準備していくだけです。

私は毎日、ファイナンシャル・プランナーとして
多くの方からご相談を受けますが、
皆さんだいたい次のようにおっしゃいます。

「全然、貯金ができない」

「銀行に預けても全く殖えない」

「老後っていくらあれば足りるの？」

「今、加入している保険のままでいいの？」

「資産運用したいけどやり方が分からない」

「投資ってなんだか怖い」

「年金は大丈夫かしら？」

「なんとなく不安……。だけど、どうしたらいいの？」


あなたはいかがでしょうか？

「私も！」って声が聞こえてきそうです。

さぁ、ここで声を大にして言いますね。
お金って難しそうだけど、実はカンタン！
家計の流れなんてシンプルなものです。

（収入）－（支出）↓残金を貯蓄に回す⇓殖やしていく

これだけです。
収入を殖やして支出を減らせば、自ずと貯蓄は殖えます。
さらに、その貯蓄を殖やしていけばいいのです。

収入…年金はいくらもらえるの？↓ねんきん定期便をチェック！
支出…月々いくらかかるの？↓家計簿をつける！

この本では、あなたのそんな
モヤモヤや不安をスッキリ解消していきます。

どうやったら、お金を着実に殖やせるのか。
そこもズバリ伝授！
そして、その基本となるのは、日々の生活を見直すこと。

暮らしをスッキリさせること。
気持ちをスッキリさせること。
お金とちゃんと向き合わないまま、
不安を抱えてただガマンするだけ、節約するだけでは、
残念なことに、女性は見事にブスになります。
かなり衝撃的な言い方をしてしまいましたね。
女性に、ガマンは大敵なんです。

若い頃と違い40代以降は、日々の積み重ねが「顔」を作っていきます。
将来に希望を見いだせない毎日を過ごしていると、
それが浮き出てしまいます。

だから、皆さんには、ガマンしないやり方で、
老後資金を準備する術を身につけてほしいのです。
お金のことは苦手、なんて言っている場合じゃありません。
誰も助けてくれません。
「結婚しているから安心」なんて言えません。
旦那さんは先に死んでしまいますよ。

貯めていいのは、お金だけです！
いらないモノとはどんどんさようなら。不安もさようなら。
美しく年齢を重ねる習慣を、今日から始めましょう。
素敵に年齢を重ねていきましょう。
人生最後まで楽しまなきゃ！ です。

アラフィフ専門ファイナンシャルプランナー　深川 恵理子

目次

chapter 2 結婚とお金の大事なはなし　043

chapter 3 お金の整理整頓、お金の見える化　073

introduction

今さら聞けない年金のこと

◆受け取る年金は、残念ながら少ないです……

ズバリ、年金の額は、皆さんが想像している以上に少ないです。
そして、人生は思った以上に長いです。そもそも年金がたっぷりもらえるのなら、老後の心配は不要。でもそうでないなら、対策を考えなければなりません。

まずは、年金制度を見ていきましょう。図のように職業によって三つに分かれています。結婚や働き方などで、どこに該当するか変わります。私は会社員、自営業、専業主婦の三つを経験しました。のちほど、20Pにある私の「ねんきん定期便」をご覧下さい。

昨年、日本年金機構から受け取った「ねんきん定期便」には、「いまだに約2,000万件（国民年金、厚生年金保険、船員保険）の持ち主が確認できない記録が残っています」と再確認のお願いが載っていました。

どんな経歴かは、ご自身でないと分かりません。ただでさえ少ない年金。日本年金機構「ねんきんネット」に登録して、まずはご自分の記録を確認して下さい。くれぐれも、もらう資格があるのにもらわないなんてことがないように！

▼日本年金機構「ねんきんネット」
https://www.nenkin.go.jp/n_net/index.html

ちなみに、国から誕生月に届く「ねんきん定期便」は、通常はハガキでの通知ですが、35歳、45歳、59歳時は封書で届くので詳しく確認できます。

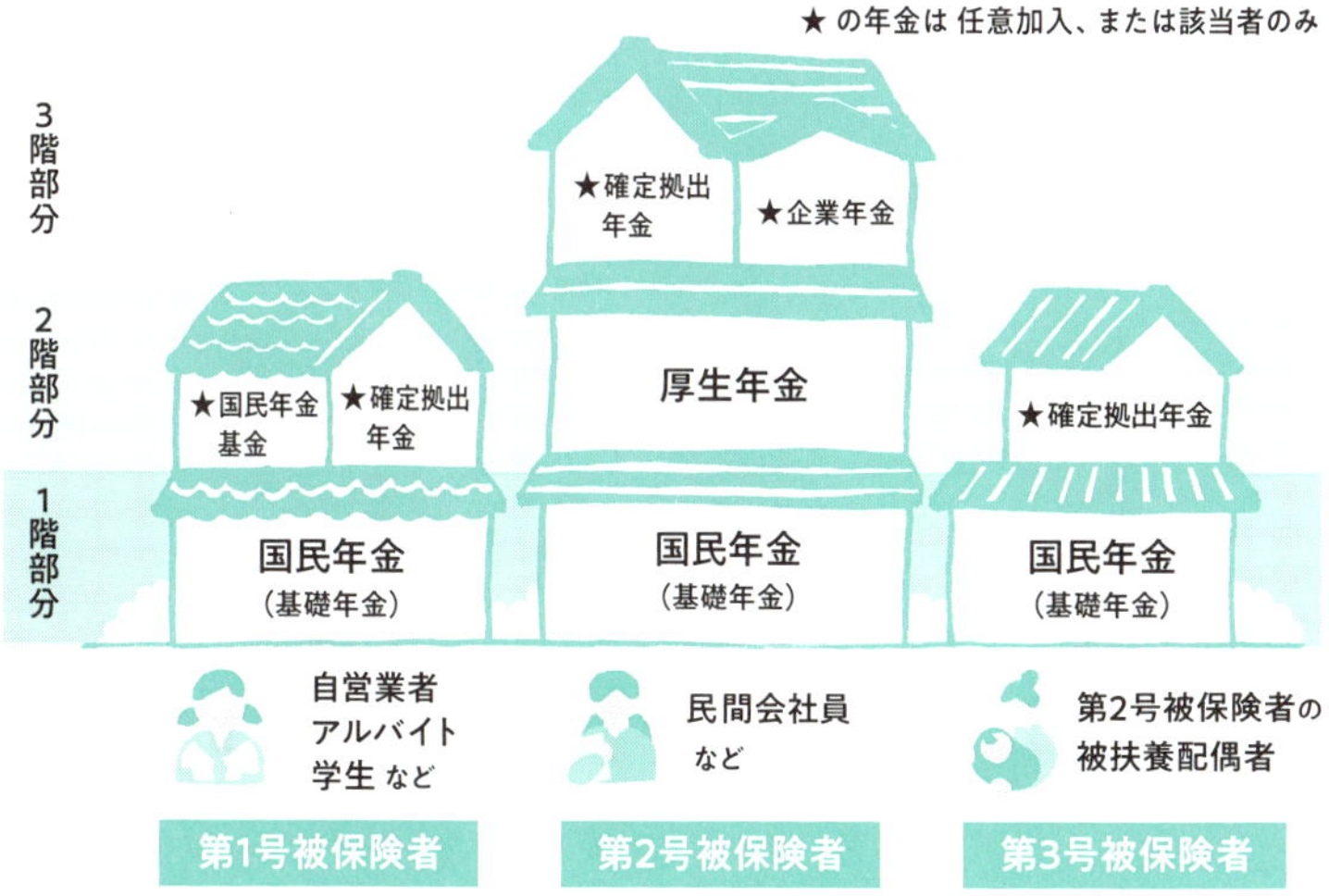

20Pにあるサンプルは、私の平成27年度のねんきん定期便です。現在のものはこれまでの保険料納付額（累計額）が裏面に記載されており、一度に見られないため、27年度のものを載せました。

自営業8年2カ月、扶養の時期が1カ月、会社員時代が27年8カ月。合計35年11カ月（431カ月）、年金保険料を払ってきました。61歳～64歳は、特別支給の老齢厚生年金590、591円、65歳からは、老齢基礎年金と老齢厚生年金の合計1、354、700円を受け取ります。ちなみに、老齢厚生年金は厚生年金から、老齢基礎年金は国民年金から、支払われます。

1　これまでの年金加入期間

第1号から第3号まで、それぞれ何カ月支払っていたのかが記載されています。これだけでは月数しか分かりませんので、「ねんきんネット」に登録し、確認して下さい。

2

老後年金の見込額

私は昭和33年8月生まれですので、61歳からは厚生年金部分を、65歳からは国民年金を受け取ります。65歳になってやっと満額もらえるのです。

二段階になっているのは、現在、年金の受け取り年齢が60歳から65歳に段階的に引き上げられているため、生年月日によって、老齢厚生年金部分の受け取り開始年齢が異なるから。男性は昭和28年4月2日から昭和36年4月1日、女性は昭和33年4月2日から昭和41年4月1日生まれの方がこれに該当します。それ以降に生まれた方は65歳から老齢厚生年金を受け取ることになります。老齢基礎年金は、生年月日に関係なく、65歳から受け取ります。

50歳以上の方は、現在加入している年金制度に60歳まで同じ条件で加入し続けたものと仮定して計算した老齢年金の見込額を表示しています。

また、50歳未満の方は、これまでの加入実績（「ねんきん定期便」の年金加入記録）を基に計算した老齢年金の額を表示しています。

3

【参考】これまでの保険料納付額（累計額）

今までに支払ってきた年金保険料の累計額が国民年金、厚生年金それぞれ表示されています。〈年金受取り平均〉は厚生労働省年金局平成29年12月「平成28年度厚生年金保険・国民年金事業の概況」によると、老齢厚生年金14・7万円（男性…166、862円　女性…102、712円）、老齢基礎年金5・5万円（満額でもらっても64、941円　平成30年度）、会社員など第2号の女性は約10万円、第1号は男女金額が一緒ですので、5・5万円と、誰もがそれだけで暮らすことは非常に難しい金額です。

2050年には年金をもらう人一人を、若い人一・二人で支えるような時代がやってきます。ほぼ一人が一人を支えるようなものです。年金制度が厳しい状況なのは事実。しかし、この制度が破たんしてしまったら、私たちの老後はもっと大変なことになってしまいます。

年金制度が信用できないとか、どうせもらえないから払わないという方に、自分で老後資金を準備しているかと聞くと、何もしていないという方がほとんどです。

また、国民年金を払わない人が増えて破たんする、などと極論を言う人もいますが、そもそも会社員は給料から自動的に引かれて払っています。自営業や失業者の中には、払っていない方もいますが、成人している人の3%ほどです（公的年金制度全体の状況・国民年金保険料収納対策について（概要）平成29年6月30日厚生労働省年金局・日本年金機構より）。国民年金を払わない人はほんのわずかですから、破たんの原因にはならないのです。払わない人は、将来、年金を受け取れずに大変な思いをするというだけのことです。

まずは、あなたの年金受取見込み額をチェックして下さい。

受け取りには、原則として300月以上の受給資格期間が必要です。）

厚生年金保険 (b)	船員保険 (c)	年金加入期間 合計（未納月数を除く）(a+b+c)	合算対象期間等 (d)	受給資格期間 (a+b+c+d)
332月	0月	431月	0月	431月

会社員 27年8カ月

年金の支給開始年齢が60歳から65歳に引き上げられた際に、段階的に支給年齢を引き上げることを目的として制度化されたもの。

変化や毎年の 経済の動向など種々の要因により変化します。あくまで参考としてください。）

		61歳～		65歳～
			老齢基礎年金	
				763,800 円
	特別支給の老齢厚生年金		老齢厚生年金	
円	（報酬比例部分）	590,591 円		590,591 円
	（定額部分）	円	（経済的加算部分）	263 円
円		590,591 円		1,354,700 円

61～64歳からの年金額

65歳からの年金額

私たちが支払っている年金のことを保険料と言います。

	1,286,450 円
保険料納付額）	6,442,569 円
	7,729,019 円

今まで支払った保険料の総額です。

老齢厚生年金受給年齢	男 性	女 性
60歳	～S 28/4/1	～S 33/4/1
61～64歳	S 28/4/2～S 36/4/1	S 33/4/2～S 41/4/1
65歳	S 36/4/2～	S 41/4/2～

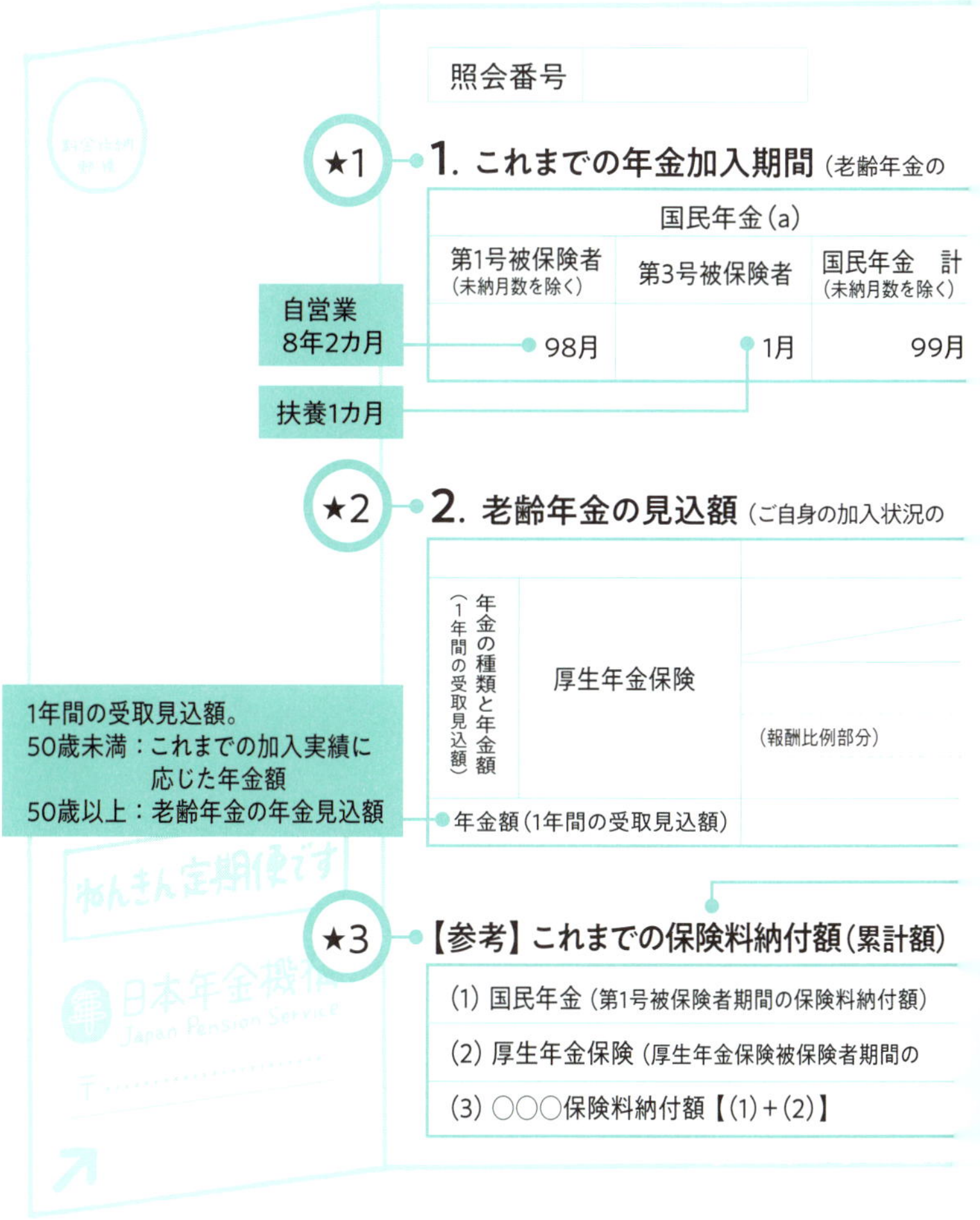
照会番号
★1
1. これまでの年金加入期間（老齢年金の
国民年金（a）
第1号被保険者（未納月数を除く）
第3号被保険者
国民年金 計（未納月数を除く）
98月
1月
99月
自営業 8年2カ月
扶養1カ月
★2
2. 老齢年金の見込額（ご自身の加入状況の
年金の種類と年金額（1年間の受取見込額）
厚生年金保険
（報酬比例部分）
年金額（1年間の受取見込額）
1年間の受取見込額。
50歳未満：これまでの加入実績に応じた年金額
50歳以上：老齢年金の年金見込額
ねんきん定期便です
日本年金機構
Japan Pension Service
★3
【参考】これまでの保険料納付額（累計額）
(1) 国民年金（第1号被保険者期間の保険料納付額）
(2) 厚生年金保険（厚生年金保険被保険者期間の
(3) ○○○保険料納付額【(1)＋(2)】

introduction

おさらい

受け取る年金は予想より少なく、
人生は思ったより長い。

だから、いくらもらえるか、漏れがないか、
「ねんきん定期便」は必ずチェック。
もらい損ねるなんていう余裕はありません！

chapter

1

毎日のお金と
美しい暮らしの習慣。
人生とお金がスッキリ！

散らかった部屋で、
お金が貯まるわけがない！

お金のことと部屋の状態は、
直接の関連がないように思うかもしれません。
でも、思い浮かべてみて下さい。
しあわせなお金持ちだと思う方の部屋を。
けっしてモノが溢れて散らかった部屋ではなく、
センスのいい部屋ではないでしょうか。
そして、お金に困っている方の部屋は、
雑多なモノが溢れ、グチャグチャと散らかっているはずです。

マネー相談でご自宅に伺うと、瞬時にその方の心理状態だけでなく
家計事情まで分かります。
よく言われることですが、心が乱れると部屋が散らかります。

心が整わないと、満たされない気持ちを買物で発散しようとします。
散らかった部屋では、どこに何があるか分からず、
同じものをまた買ってしまうことになります。
引き出しに同じようなボールペンが何本もあったりしませんか？
家の中にあるものはぜーんぶ、あなたのお金で手に入れたものです。
お金を貯めたければ部屋を片づけて下さい。

部屋が美しく整うと、心が穏やかに、そしてお顔の表情も穏やかになります。
どこに何があるかも分かっているから、無駄な買物はしなくなる。
居心地のいい部屋でくつろぐ時間も増えていきます。
外出も減り、自ずと出費も減っていきます。
気持ちがすっきりすると、背筋が伸び肌にハリが出て、
不思議なことに体重も減っていきます。
心身が安定し、将来に向けて頑張ろうと肝が据わります。
何もガマンしなくてもあなたが望む人生が待っています。

◆ 美しく暮らす、ほんの少しの習慣

毎日ちょっとだけ、お金や部屋を整える習慣を身につけませんか？

❶ 帰宅してからの5分
❷ 寝る前の5分
❸ 朝起きてからの5分

全部やっても15分。
毎日、ちょこちょこと部屋を整えていきます。
少しずつ習慣にして下さい。
気がついたら……家全体が気持ちのいい空間になっています！

❶ 帰宅してからの5分

家の中をきれいにする第一歩として、まず帰宅後5分の行動を変えましょう。
では、どう変えるのか。私のやり方はこうです。

1 トイレ掃除
2 ルンバのごみ捨て
3 お風呂洗い

これを一気にやっちゃいます。疲れていても途中で座ってはダメですよ。

まず、ホームウェアにぱっと着替えます。そしてトイレに行ってさっとトイレ掃除を。といっても、ブラシでゴシゴシとか、大変な作業をするわけではありません。拭くだけのシートでさっと拭くか、常備してあるクエン酸水をスプレーしてトイレットペーパーで拭くか、その程度のこと。でも毎日これをやるだけできれいに保てます。

トイレが終わったら、次はルンバのゴミを捨てて、お風呂場へ直行。お風呂掃除へ。ここまでにかかる時間は、ざっと5分〜10分。この流れをほぼ毎日やっています。

重要なのは、いかに負担なく簡単にできるかです。汚れを溜めるとやりたくなくなるから、溜めないことが大事。毎日少しだけやればいい。シンプルな仕組みにし、習慣にすることです。トイレには、小物は置かずに花一輪だけ飾っています。だから一瞬で拭くことができます。こうしてきれいにしておくと、家族（特に男性！）もきれいに使ってくれる。掃除がより楽になるというわけなんです。

あと、案外片づかないのが郵便物です。どこかにおいて後で処理しよう、なんて思っていると、おっくうになってしまうもの。だから、すぐ開封し、いらないものはすぐにゴミ箱へ。

汚れは溜めない！　貯めていいのはお金だけです！

❷ 寝る前の5分で「今日」を片づけて、「明日」を思い描く

1 今日のバッグの中身を全部出す
2 明日の洋服、バッグ、靴の準備をする
3 ダイニングテーブルの上を片づけて、花だけにする

まずは、「今日」の片づけです。バッグの中身を全部出し、いらないものを捨てます。これはかかっても10秒か20秒です。

そして、「今日」が終わったら、次は明日の準備です。明日の予定、お会いする方、天気を考えて、洋服、バッグ、靴のコーディネートをします。洋服は、すぐに着替えられるようにハンガーにかけておき、靴も玄関に揃えます。私は毎日これを習慣にしています。

オススメする理由は二つ。

まず、時間の余裕がある夜のうちにこの作業をすれば、もし、ボタンが取れていても、服にシミを見つけてしまっても、縫ったり、洗ったり、他の服に替えたりできます。そして朝は、何も考えなくていい。

顔を洗って化粧をして朝食を食べる。そして用意した服を着るだけ。バッグの中身は揃っているから、持ち物のことは考えなくて大丈夫。そのまま外出できます。部屋の中も散らからないし、朝バタバタすることもありません。自信が持てるコーディネートで過ごす1日と、イマイチな格好だと思いながら過ごす1日では、自分のテンションが全く違ってきますよね。

翌日の予定を考え準備をしていると、自然にお会いする方に思いを馳せるでしょう。あの人に会うからこんな服装にしようと、ちょっとワクワクしてきます。その人の顔を思い浮かべた時に、先日こんな話をしていたとか、お子さんの写真を見せてくれたとか、その人に関するいろんなことを思い出しますよね。それだけで、会話が弾んだり、仕事がスムーズに運んだりします。

相手を思うことが、人間関係を円滑にする極意。だからこそ、毎日夜に「明日」を思い描くんです。

そして、最後にダイニングテーブルの上も片づけます。これも毎日の習慣になれば、5秒か10秒。テレビのリモコンや新聞など、テーブルにいつも何かが置きっぱなしになっているというのは「今日」が残っているということ。だから、リセットする作業をしてから眠ります。

キッチンも同じ。洗い物は残さない。「今日」をきれいに終わらせることでごきげんな「明日」が始まります。

何もないテーブルに、花を飾る習慣。ぜひ、やってみて下さい。これだけで、朝からとてもいい気分になります。こういうものは無駄遣いでも贅沢でもありません。近所のお花屋さんで、500円くらいで買えるもので十分。1週間500円で気持ちが変わるんです。月に2,000円。お金はこういうところに使って下さい。日々の生活で目にするものは、とても大事です。心の余裕は自分で作ることができます。

❸ 朝、起きたら5分　すっきりと1日をスタート

1 窓を開けて空気を入れ替える
2 ベッドを整える
3 使い終わった洗面所を拭く

朝起きたらすぐにやること。それは、やっぱり窓開け。冬の朝でも冷たい空気で深呼吸するとキリっとします。そして、ベッドや布団は起きたらすぐに整えてしまいましょう。後でやる。そんな時間、朝はないですよね。後回し厳禁が鉄則。面積が広い分、ベッドを整えるだけで、部屋は格段にきれいに見えます。

それから洗顔時に、洗面台と鏡を拭いてしまいましょう。顔を洗うと、洗面台が必ず濡れるし、水滴が飛び散って鏡も汚れたりします。使って濡れたらす

ぐ拭く、ができればOKです。毎日これをやるだけで洗面台は汚れません。

鏡はあっという間に水滴でできたテンテンが残ってしまいます。でも、毎日やればすぐに落ちます。洗面台を拭く時には、ついでに蛇口などの金属部分もピカピカに。鏡、そして蛇口、こういうところってちょっと拭くだけで光るので「ちゃんと掃除している感」が出て嬉しくなります。

ところで、洗面台以外に鏡はいくつありますか？　年齢が上がってくるとだんだん鏡を見たくなくなります。だからこそ、あえて全身が映る鏡を置く。そして、曇らせない。鏡は何歳になっても見ましょう。お腹周りにお肉がついてきたとか、ヘンに痩せてきたとか、すぐに気づくためにも。

見たくないものは見ない、その行動は、お金のことを考えないようにしている気持ちとつながっています。だからちゃんと見ましょう。

◆自分をきれいにすることをやめない

さきほどの鏡の話にもつながるのですが、年齢を重ねても、きれいでいたいという気持ちを持ち続けて下さい。

「物欲」はどうぞ、どうぞ、大事にして下さい。買い物特有のワクワク感、これは美しい女性に必須です。ただし、良質なものを揃えること。そこは手を抜いてはいけません。50代はバブル世代ですから、ブランド物も好き。いいものを見る目を持ち合わせています。変な節約をして安物を身につけていると、テンションも下がってしまうでしょう。

みなさんは正直に申しまして、「今きれいにしなかったら、いつするの？」という年齢です。そして、見た目は仕事をしていく上で大切なこと。それは収入増加に結びつきます。人に信頼感や安心感を与える恰好をしましょう。

クローゼットを整理整頓し、毎晩コーディネートを考えていれば、あとどんなものを買えば着まわしの幅が広がるか、自ずと分かってきます。「足りないアイテムはコレ」と意識しながら買い物をするので、無駄なものを買ってしまうことはありません。買うのなら、永く愛せて、自分をきれいに見せてくれるものを選んだほうがいいでしょう。ワクワクがないところに、人もお金も寄ってきません。どうお金を使うか、どこに使うか、大切なのはメリハリです。

スーパーには極力行かない。もちろんコンビニにはめったに行かない

これは「ケチっている」というよりも、本来食いしん坊の私にとって、いろいろ目に入ってくるものをポイポイ買わないようにするための大事な予防策なんです。食費の節約をしよう、と強く決意するよりも、スーパーへ行く回数を単純に減らす。この方がずっとカンタンです。

お金がどうしても貯まらない、と私のところに相談に来て下さった方にはまず、この方法からお伝えしています。さらには、お店にいる時間をなるべく短くしています。目標は5分！　長くいればいるほど、予定外のものを買ってしまうのが女性です。だから、滞在時間を短くするためにも、普段遣いは規模の小さいスーパーに。もちろん、たまにはデパ地下へ行くこともあります。そんな時はのんびり娯楽のつもりで買い物を楽しみます。潤いは大事。女性はカサカサになってはいけません。

コンビニへ行く習慣のある人は要注意です。以前、私もそうでした。新規オープンしたコンビニに、会社帰りにふらっと立ち寄ったら、それが習慣になってしまったのです。限定もののスイーツなどがあって、大した金額ではないからいいかと買っていたら、結構な出費になっていました。こうした日々の積み重ねが老後資金をおびやかします。ちなみに、同じお菓子でもコンビニで買えば少し高いこともお忘れなく。

嫌なことをガマンしない。そして〝快適〟を増やしていく

皆さん、日々の暮らしの中で、嫌なこと、面倒なこと、不満に思うことはありませんか？

私が以前、賃貸マンションに住んでいた頃の話です。会社から帰って料理を作り食事を終えたら、疲れてもう何もしたくない。その後の洗い物が面倒でウンザリしていました。だから、食洗機が欲しかったのです。

でも、賃貸ですから据置タイプにするしかありません。それでは、台所は一段と狭くなり、コードや排水パイプも邪魔になる。どうしてもビルトインタイプが欲しいと悶々としていました。

そしてある日、「もうガマンするのは嫌！」と思い立ち、大家さんにリフォームをしたいと相談に行きました。退出する時そのまま置いていくという条件で、100万円を自分で払い、システムキッチンを一新したのです。

なんてもったいないことをするのだろうと思う方もいるでしょう。でも、私

は何よりも快適さが欲しかったのです。だから、そこにはお金を使いました。そして、この体験が予行練習となり、マンション購入の際には、パーフェクトな使い勝手のキッチンを作ることができました。

毎日の「小さなガマン」をどう減らすか、これはすごーく大事なことです。例えば、フライパンの上に鍋、その上にも鍋なんていう「重ねる収納」をしていると、毎日、フライパンがさっと取り出せなくてイライラします。ちょっとしたことでも、ストレスになります。しまう時も、鍋をどけて、そこにフライパンを置いて、その上にどけた鍋をのっける……なんてことを続けていると、次第に料理をするのが嫌になってきます。

実は、こういうお宅すごく多いんです。そして、そういうご家庭は、お金も散らかっていることが多い。貯蓄がいくらあるか、日々の生活費がいくらか、まるで分からないのです。

じゃあ、フライパンを一発でパッと出すためにはどうしたらいいか。簡単です。ホームセンターに行って、棚板を買って来て、棚を一段増やすだけ。これで鍋やフライパンを重ねず収納でき、パッと出して、サッとしまえるようになります。不便なことや面倒に思うことをガマンしてはいけません。そこにはお金を使っていいのです。

収納方法のコツはこれ。「モノの置き場所を決めて、パッと出して、サッとしまえるようにすること」。ちょっと工夫すれば、数百円か数千円程度で、「小さなガマン」が一つひとつ消えて、とても便利で暮らしやすくなります。

余計なガマンはさっさとやめましょう。

暮らしもお金も、工夫と知恵が肝心です。

Column

デパートの「友の会」はまさに「先取貯蓄」

ちょっとここでお得な情報を。

デパート・百貨店の「友の会」をご存知でしょうか。昔からあるサービスですので、利用したことがある方も多いかもしれません。デパート・百貨店の「友の会」とは、毎月一定の金額を積み立てていくと、1年後の満期には、積み立て額の1カ月分をボーナスとして受け取れるサービスです。

もちろん、そのデパートでしか利用できませんから、生活圏内に使い勝手のいいデパートがなければだめですが、とてもお得なサービスです。例えば、毎月1万円を1年間で12万円積み立てると、13万円分をプリペイドカードに入金してもらえます。これを銀行預金の利息に見立てると、利回り8・3％にもなります。

正確には、最初に12万円を預けるのではなく毎月1万円ずつ預ける積み立てなので、年利回り15・38％（複利利回り）。しかも、銀行の利息のように約20％の源泉徴収税を引かれることもありません。こんなすごい金融商品は、まずありません！

使う時は、すでに支払っていますから、買物をしてもお金を払わなくていい。これのなんと気持ちのいいことか！

デパ地下で美味しそうなお惣菜やスイーツを買ったり、洋服や化粧品を買うこともできますし、レストランで使うこともできます。ちょっと贅沢気分を味わっても、その場で現金は出ていきません。さらに安くなっているセール品でも使えるのです。罪悪感ゼロの自分へのご褒美です！

更にお中元・お歳暮時期には、3,000円以上のお買い物が5％OFFになる優待券を発行するデパートもあり、私は化粧品をこの時期にまとめて購入するようにしています。それ以外にも、デパート主催のセミナーやイベントが会員価格になったり、ホテルやレストランの優待もあります。冷静に考えれば、デパートが顧客を囲い込む作戦ですけれど、少しでも安く買うことができるこんなチャンスを見逃す手はありません。

私たちは、すでに家の中に使い切れないほどの多くのモノをもっていても、何か買いたいのです。お金を使いたいのです（往々にして、後で後悔しますけど）。そんな気持ちをガマンしないで満たしてあげれば、貯蓄も頑張れるというものです。

chapter 1

おさらい

お金を貯めたいなら、
まず部屋をきれいに。
「小さなガマン」を止め、
快適さを求めると、
気持ちがスッキリ&前向きに。
暮らしもお金も工夫と知恵が大切です。

chapter

2

結婚とお金の大事なはなし

生きて行く上で欠かせないお金。
そして、結婚

結婚生活にはお金は切っても切り離せないもの。
どんな夫婦関係を築いていくか、とお金の問題は密接につながっています。
夫婦仲良く暮らすためには、お金とどう向き合えばいいのでしょうか。

収入だけを考えれば、ダブルインカムの方がいいのですが、
お金がたくさんあればいいというものでもありません。
お金のことで夫婦喧嘩になることもありますし、
夫婦だからこそお金の話ができないということもあります。
お金のこと、夫婦のことは、まさに人生の課題なのではないでしょうか。
だからこそ、目を背けず、ガマンせず、
ちゃんと向き合ったほうがいいのです。

多くの方の相談や悩みをお聞きして、こう感じています。
「貯蓄が順調にできているご家庭は、夫婦仲がいい」
お互いにガマンせず、笑いながら言いたいことを言っています。
笑いの中に本音や皮肉を上手に入れ込んで折り合いをつけています。
こんな関係になるまでには、いろいろなドラマがあったことでしょう。
「笑い合える」。そんな夫婦でいることが、
お金の面からも大切なことなのです。
でも、残念ながら、どうしても離婚に至ることもあります。
そんな時もお金に困らないように、不安でいっぱいにならないように、
経済的に自立してほしいのです。

既婚か、未婚か、どちらがいいということもありません。
結婚していても、先立たれる可能性は高いのです。
一人でも、二人でも、しあわせに暮らしていけるように、
ここから少しずつリアルに結婚を考えていきましょう。

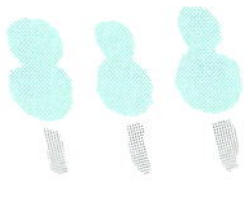

◆下流老人になりたくないなら結婚しよう

まず、独身の方へ。

経済的なことを考えると、結婚することをお勧めします。決して脅そうとして言っているわけではないのですが、定年もなくずっと続けられる仕事をしているとか、相当の資産があるのでなければ、独身女性は、下流老人になる可能性が高いのです。

「ねんきん定期便」に載っているあなたの年金見込額。果たして、この額で生活はできるでしょうか。住居費はかかりませんか？　かかるとしたらその家賃はいくらですか？　さらに光熱費は毎月どのくらいかかりますか？　年金からその額をひいたら、マイナスにはなりませんか？

もちろん、それを補うために貯蓄をするのですから、その蓄えを毎月取り崩しながら生活していけばいいんです。その蓄えは何年持ちますか？

「蓄え÷毎月の足りない額÷12」で計算すると、何歳までもつでしょうか。

80歳より前に無くなったりしないでしょうか。

例えば、500万円の蓄えがあったとして、毎月切りつめて生活して、5万円ずつ取り崩しながら生活していったとします。そうすると蓄えは100カ月で尽きる。約8年です。65歳から取り崩す生活をしていたら、73歳で貯金が無くなる。まだ旅行やショッピングを楽しみたい年頃ではないでしょうか。誰も頼ることができない。この状況、かなり怖いと思いませんか？

結婚していれば、年金は二人分。男性の方が一般的に所得は高いので、厚生年金なら平均で、16万6、862円（厚生労働省年金局「平成28年度厚生年金保険、国民年金事業の概況」）。

二人あわせれば、今よりもどれだけ老後に安心できるか。もうこの年齢だから縁がない、なんて諦める必要はありません。まずは年金や老後資金の現実を見据えて、今から結婚することをぜひ考えてみて下さい。

人生100年時代、この先、まだ40年以上生きるんです。60代で結婚、再婚されたクライアントが、昨年は3名いらっしゃいました。穏やかな大人婚、素敵でした。

そして、今日からでも遅くはありません。まず、騙されたと思って「2分de家計簿」（後の章で詳しくお話しします）を毎日つけてみて下さい。

お金の「見える化」は、一見、婚活と関係ないと思われるかもしれないですが、これを始めてから、お金と心の整理ができ、出逢いに恵まれ、結婚に至った方もいらっしゃいます。そもそもお金の管理ができるキチンとした女性は婚活市場で強いのです。

それでも結婚したくないなら、最後まで自分一人で生き抜ける経済力、蓄えを持ちましょう。今稼げていたとしても、90代まで同じようにはいきませんから、困らないようしっかり準備して下さい。

＊お金がないなら、なおさら、結婚です

それから、最近気になっていることがあります。「お金がないから結婚しない」という話を若い方からよく聞くんです。でも、そんなことを言ってい

ると、結局、ずっと結婚しないままになってしまう危険性アリです。ぐずぐずしていないで、好きな人がいたら、早く結婚したほうがいいのです。

一人暮らしをしている方は、家賃や生活費がかかって貯めにくいと感じているかもしれません。そういう方にこそ、結婚はお勧めです。二人になったからといって、家賃や生活費は倍にはなりません。二人で暮らした方が諸々合理的なんです。

年頃の子どもを持つ親御さんには、お子さんに早く結婚するように仕向けてほしいものです。25歳くらいで結婚すると「まだ早い」と言われることが多いようですが、「よくやった」と褒めてあげてもいいくらいです。

将来子どもが欲しいなら、なおさらです。年齢が上がると妊娠できる確率は下がる。不妊治療にはご存知の通りとてもお金がかかります。35歳や40歳くらいから不妊治療を始めて1回100万円もかかって、それを何度も、なんていったら、それまで働いて頑張って貯めてきたお金があっという間に消えてしまいます。そしてやっと生まれた子どもには、そこから約

2,000万円かかります。

50代女性は、ご自身のライフプランを考えると同時に、子どもたちにも将来のプランを考えることの大切さを伝えて下さい。それと同時に結婚の素晴らしさも。

◆「家事のできる夫を作る」ことが、しあわせの鍵!

夫が55歳で役職定年を迎え、管理職から外れて収入が下がった、なんていうご家庭が増えています。これは家計に大打撃です。でもこれも妻が収入を得られれば、家計をキープできる可能性大。そのときに、大事なことは、夫に家事を身につけさせておくことです。

夫の稼ぎが自分より多い少ないに関係なく、夫を、家事ができて一人でも生きていける男にしておきましょう。これは、お金のためだけでなく、あなたの自由、そして、二人のしあわせのためです。これをやっておかないと、定年退職して暇になった夫に、「どこへ出かけるんだ？　何時に帰るんだ？　俺の食事は？」なんて言われる恐れもあります。

夫が退職したとたんに自分の自由が無くなってしまったら、「夫原病」「夫在宅ストレス症候群」にかかってしまうかもしれません。

日本にはまだまだ「収入が高い方が上」という、家庭内のヒエラルキーがあるように思います。夫は、自分の方が高収入だから家事をやらなくていいと考えているところがあるし、妻も、稼ぎが少ないんだから自分が担当して当然と思いがちです。

ちょっと辛口になってしまいますが……。扶養の範囲でいい、パートでいい、税金を払うのがもったいないから、と言っているあなたの心のどこかに「自由になるお金はほしい、でもしんどい仕事はしたくない」という気持ちが隠れてはいませんか？「夫は家事ができないから、私がやるしかないの、だから自由に働けないの」という状況を、あなた自身が作っているということはないでしょうか。
家事のできる夫にするためにはコツがあります。「なんでやってくれないの？」とは言わない。ひたすら「感謝」＆「褒める」で攻めます（笑）。

＊言うだけでうまくいくんだから、簡単です。

おすすめの褒め方は「さしすせそ」の言葉を日々、たくさん使うこと。

Ⓢ——さすが！
Ⓢ——知らなかった！
Ⓢ——すごい！
Ⓢ——センスがいい！（味付けのセンスがいい！　盛り付けのセンスがいい！）
Ⓢ——そうなの？（驚く）

言うだけならタダです。あとは「感謝」すること。何でもかんでも「ありがとう」をプラス。思っていなかったとしても、「ありがとう」の一言でたいていのことは丸く収まります。

「掃除してくれてありがとう！」これは当たり前ですね。「掃除しがいがあるわ！ ありがとう」え？ これは嫌味じゃないかって？ たしかに嫌味なんですけど、耳には「ありがとう」という言葉が入ってくるので「嫌味」を言われたことが分かっていても、「散らかして汚いわね！」と言われるのとは全然違います。クライアントの中でも、お金のやりくりがうまくいっている家庭の奥様は、夫への感謝を口にします。そして、コロコロ笑っています。やはり感謝や笑顔の効果ってあると思います。

＊お互いの稼ぎを明らかにしたほうが円満に

反対に、お金が原因でうまくいっていない夫婦の共通点もあります。それは、お金のことを夫婦でオープンにしていないこと。

夫がいくら稼いでいるのかよく分からない、自分は大して稼いでいないからそのことは話したくない、ときどき無駄遣いしているけれどそれは内緒にしておきたい、それがばれたら家計管理ができていないと怒られるに違いない、でも夫も無駄遣いしているのを知っている……。

こんな状態では、お互い猜疑心ばかりになってしまいます。口を開けば「夫が○○してくれない」と文句ばかり。だから、お金のことも夫婦の仲も、どんどんうまくいかなくなっていく。互いのお金のことを隠していても何もならないんです。今、ごまかせていることは、将来にツケを回しているだけです。家計の状況を共有して協力し合うことができたら、少しずつでも資産形成できるようになるはず。お金も心もオープンにするということは、快適に暮らすために欠かせないことです。

そして男性とお金の話をする時は、数字をきちんと出すことが鍵です。理屈で話せば分かってくれます。

生活費が10万円では足りないことを、「10万円じゃ全然足りない」と言っても通じません。「お前のやりくりが下手だから」で終わってしまいます。

でも、「何にいくら、何にいくら」と、数字をきちんと見せれば、「それでは足りないな」って分かってくれます。

相手に望むだけでなく、妻である自分もやるべきことはやる。それならご主人も頭ごなしに否定はしないでしょう。関係が好転しますよ。

◆結婚しても仕事は手放さない！「経済力のある妻」は自由を手にする

ズバリ、お金も愛も自由も手に入れるには、経済力が必要です。これからは結婚しても仕事は続ける。それがリスクヘッジになります。

皆さんは、寿退社という言葉があった時代をご存知ですよね。結婚退職することがしあわせだと多くの方が思っていました。腰掛けでしか働いたことがなくて、結婚後は専業主婦だったとか、パートで働いたことしかないとか。でも、そういう方でも、老後のことを考えれば、これからは働けるだけ働かなければなりません。それははっきりしています。だって、今のままではお金が足りませんから。

今の時代、専業主婦願望は、現実逃避でしかないと思います。逃げたままではいずれ、お金のない辛い立場になってしまいますから、しっかり稼ぎましょう。事務のパートしかしたことがないから接客は無理などと、仕事の選り好みをしてしまう方もいます。でも、これからはそんなことは言っていられません。

以前、収入を増やしたいと言う方に、駅前のファストフードの店を勧めましたが、そんな仕事は……と返されました。何が不満なんでしょうか。ウリとなるスキルがない場合は、仕事を選ぶなんて贅沢。時給が安いとか、そんなことは言っていられないでしょう。雇ってもらえたら御の字です。

ファストフードは最近、シニアの方を積極採用しているようですが、当然ながら、〝使えない人〟は雇ってもらえません。危機感をもって、ファストフードでもコンビニでもなんでも、とにかく働き続けることを考えていかないと、老後を生き抜いていくのは難しいです。

今、仕事をしている方は、辞めないで働き続けましょう。そうでない方は、ぜひチャンスをつかんで、仕事を始めて下さい。ダブルインカムを目指しましょう。もちろん、出産したばかりで、子育てできるのは自分しかいないとか、体調不良や病気、介護など、人生の中では仕事ができない時期もあります。それは仕方がないことです。それでも、それはあくまで一時的なこと、基本は「働く」です。

夫も、会社も、国も、あなたを守ってはくれません。自分の将来は自分で守るしかないのです。仕事を辞めて、経済力を失ってしまった時のリスクを考えてみましょう。今、何も問題が無かったとしても、今の状態がずっと続くとは限りませんから。

◆離婚のリスクを考える

離婚した際のデメリットも考えておきましょう。どうしても性格が合わなくて別れることになった……。そんな時に、あなたに収入がなかったら？　正社員で働いて、持ち家もあって、子育ても終わっているといった恵まれた状態であれば、簡単に離婚ができるかもしれません。けれど、仕事はパートで、収入が少なくて、子どもを抱えて、経済力のない状況で離婚をしたらどうなるか。想像に難くはないと思います。

通常シングルマザーは経済的に厳しくなります。それが分かるから、不満があっても離婚に二の足を踏んで悩んでいる方も多いのではないでしょうか。でも、自分のしあわせが一番ですから、ガマンすればいいというものではありません。

でも、断言します！　勢いだけでいきなり離婚することだけは思いとどまって下さい。私自身、二度離婚しました。28歳と30歳の時で、子どももいませんでしたから、金銭面で困ることはありませんでしたが、40代、50代の離婚となると経済的な問題が大きくなります。

離婚後の生活がどうなるかはお金次第。

「もう、どうしても嫌!」と思ったら、2年かけて準備しましょう。その間しっかり貯金して下さい。あとは、夫名義になっているけれど本当は自分のもの、と思うものがあれば、自分名義に移し替えておきましょう。

もちろん今までできなかったのに、いきなり毎月10万円の貯金ができるようにはなりません。でも、毎月1万円であっても、しないよりまし。この機会にお金としっかり向き合わなくては、です。

そして貯金も必要ですが、まず飛び出す前に、自分ひとりが1カ月生活するのにいくらかかるのか、これを知る必要があります。

離婚して一人暮らしになる方、子どものいる方、フルタイムで働いている方、専業主婦の方など、一人ひとり条件は異なるわけですが、生活にどのくらいかかるか分からないうちに決断するのは危険です。

＊感情よりも損得。冷静に考える

もう少し突っ込んで考えていきましょう。離婚したら、どのくらいのお金がかかると思いますか？

例えば、都内で、ワンルームのマンションに住むとして家賃は7～8万円。その他、光熱費や携帯の料金、食費など当然お金がかかります。そうなると、節約しても13万円くらいは必要ではないでしょうか。化粧品だの雑貨だのと買っていくならあと数万円は欲しいです。と考えると、手取りで20万円あったら暮らせるでしょうか。

ただ、老後のことを考えると、やっぱりその中から2割くらいは貯蓄にも回したい。50代のあなたが手取り20万円も稼げるのはあと数年ではないでしょうか。働きたいと思っても働ける場所が無かったり、体力面で厳しくなったり。それが現実。だから2年は冷静になって下さい。すぐに飛び出さないこと。

さらに夫の方が先に亡くなるケースが多いのですから、あとどれくらいならガマンできるか、と考えてみるのも一案です。お子さんをお持ちの方は特に慎重に。シングルマザーの多くは、慰謝料も養育費ももらっていない、というのが実情です。せめて養育費が払われていればマシですが、残念なことに、払ってもらえなくなるケースがほとんどです。

＊年金や保険に注意。知らないとコワイ、意外な落とし穴

「離婚をすると年金は半分もらえる」といわれますが、この半分というのは、結婚している間の厚生年金だけのこと。国民年金は含まれません。期待するほどもらえない恐れがありますから、気になる方は一度調べてみて下さい。

それから、生命保険の契約者が誰になっているかも要確認です。契約者が

夫でないことが重要。契約者は、解約や内容変更ができる立場にあります。つまり、妻の保険であっても、契約者が夫だったら勝手に解約できるのです。また、現在何らかの病気を抱えている方は、新たに保険に入ろうと思ってもできないケースがあるので要注意です。保険に全く入っていないというのは、心もとないですよね。

専業主婦の保険は、夫が契約者であるケースが多いのです。ですから、契約者を自分に変えるとか、改めて自分で入り直すなど、離婚に備えた見直しが必要となります。そもそも自分が何の保険に入っているのか分かっていない方は、これを機会に自分の保険を知ることから始めましょう。

結婚が継続していると、夫が亡くなった場合に、遺族年金も入るし、かけていれば生命保険も入ってくる。妻でいることは、そんな経済的な特権のようなものを持っているわけです。こうしたことを全部放棄してしまってもいいのか。じっくり考えましょう。漠然と不安を感じていないで、分からなかったら、本やネットで調べたり、我々ファイナンシャルプランナーに相談して下さい。

一人でも二人でも、しあわせに生きる

とはいえ、結婚していれば、満足でしょうか。
一人ならば、気楽で自由を満喫できるのでしょうか。

2回離婚している私としては、どっちもどっちだと思っています。どんな状況であれ、自分がしあわせだと感じること。これが大切です。

結婚していれば、やはり面倒なこともたくさんありますし、一人ならひとりで、言い知れぬ淋しさを感じる時もあります。それぞれに一長一短があるのです。ほとんどの場合、経済的には結婚していた方が楽ですが、一人なら、誰の指図も受けず、自由にお金を扱えます。

たとえ結婚していても、ご主人が先に亡くなる可能性は高いでしょう。つまり、ほとんどの女性は最後は一人なのです。だから、一人でも二人でもしあわせに生きるという考えが大切。それには、やはり経済的な自立が欠かせ

ません。一人でもちゃんと生きていけるお金の知恵を身につけておきましょう。その上で素敵なパートナーがいたら儲けもの、くらいに思っていて下さい。

自分の人生は、誰のものでもなく自分のもの。上手くいかないと、夫が、子どもがと、ついつい周りのせいにしたくなりますが、それすら、突き詰めれば、原因は自分自身。しあわせに生きるかどうかは自分次第なのです。

＊アラフィフはこんな問題を抱えている　case 1

夫婦はともに高収入＆出費多し。仕事が忙しく、家はモノが溢れたまま。お金の管理をするヒマがない。

〈夫47歳・妻40歳　共働き　子ども二人〉

「妻（40歳）が片づけ下手でお金の管理もしないので、我が家は貯蓄ができないんです。なんか言ってやって下さいよ」と、大企業にお勤めの男性（47歳）から、家計を見直したいと相談がありました。

早速、ご自宅にお伺いすることに。ピンポーンと鳴らしてもどなたも出てきません。見回すと何とも雑然とした玄関回り。やっと通されたリビングには、なんだかいやな気配が漂っています。案の定、私が来ることが原因で夫婦喧嘩をしていたようです。あちゃ〜！

今さら帰るわけにはいかないし、冗談を言ってもニコリともしてくれない奥様に、世間話を交えながら状況をうかがいました。

「結婚後もずっと正社員で働いてきました。二人の男の子を育てながらです。毎日、子どもたちは学校から帰ると近所の実家に行き、食事もそこで済ませます。私の帰宅は毎日夜10時頃で、ヘトヘトです。なんとか洗濯は溜めないようにしていますけど、畳んでいられないし、掃除も週末に掃除機をかけるくらいで、とても家計の管理なんてする時間はありません。それに家事やお金のことは苦手なんです……」と涙ぐんでしまいました。

お見受けしたところ、とてもまじめな方。高価なものを身に着けているわけでもありません。何にお金を使っているかといえば、主にお子さんの教育費とのこと。その上、仕事中心でお子さんに手をかけられない罪滅ぼしにと、子どもが望むものはみんな買ってあげているそうです。言われてみれば、リビングは息子さんのゲームやコミックスが散乱。テレビなどの家電はどれも大型、部屋中モノに圧迫されて息苦しさを感じるほどです。

お住まいは、二人の名義でローンを組み、なんと約1億円の豪邸！　生命保険も二人で月15万円ほど加入し、支出もことごとく膨らんでいます。

ご主人が席を外された隙に、「私は奥様の味方ですから、安心して下さい」とこっそり伝えました。

住まいのことも保険のこともみんな奥様に相談なくご主人が選んでいました。週末はゴルフに行き、趣味の車はかなり高価なもの。つまり、大きなお金が動く案件はご主人一人で決断していたんです。結果を見れば、散財しているのは、ご主人。一つひとつお聞きして、支出を見える化していくと、そんなことがハッキリしてきます。

確かに奥様も片づけられないタイプだし、ほぼお子さんのものとはいえ、それでもそれなりにお金を使っています。高収入のご家庭は使えるお金があるので、使い方も雑になり、支出も膨らみます。また、別財布のため分かりにくくもなりがちです。

「ご主人には、サンプルをお渡ししますので、まず、資産一覧表を作って下さい。奥様は、次回お伺いするまでに、まずは玄関と廊下を片づけて下さいね」こんな宿題を残して帰ってきました。

このお宅は、すでに保険で月15万円の貯蓄をしています。お子さんの学資も老後の準備も着々とできているのです。にもかかわらず、ローンの返済や散財で、預貯金がほとんどないので「お金が貯まっていない」と思い込んでいたのでした。

とにかく、住まいもお金も散らかっていることが、お金の管理も夫婦関係も上手くいかない大きな原因です。

まずは、住まいもお金も整理整頓！
お金のことは、家の中と密接につながっています。
さあ、まずは片づけから始めましょう！

Column

クリーニングパーティは、私のライフワーク！

クリーニングといってもみんなでお掃除をする会ではありません。家のクローゼットに眠っている不要な服、バッグ、靴、キッチングッズなどを持ち寄り、自分の気に入ったモノを何でも持ち帰ることができるとってもお「エコ」でお得なイベントです。自宅クローゼットの整理ができるだけでなく、情報交換や参加者同士のネットワーキングもできるこんなイベントを、私は友人とこれまで十数回開いていています。

① お金を貯めたい！
② 家を片づけたい！
③ お洒落を楽しみたい！

あなたもこんなことを思っていませんか？　クリーニングパーティでは、わずか2,000円の参加費でみんな叶ってしまいます。

モノを持たないことが善とされる世の中。モノを欲しがることは悪だと思っていませんか？　でも、欲しいんです。いっぱいあるけど、やっぱり欲しいのです。

「新しいモノが欲しい」。

生きていて、向上心があれば、「欲」があって当たり前。お洒落したい。きれいって言われたい。こうした気持ちを持つことは自然なことでしょう。

クリーニングパーティでは、欲丸出しOK！モノを手にする高揚感、味わって下さい。だけど、モノが溢れた部屋はイヤですよね。片づけるにも、捨てる罪悪感、売る煩わしさ、買ったことへの後悔、と味わいたくない思いがいっぱいです。

だから、いらないモノは、パーティに出して下さい。

その昔、あなたが素敵だと思ったモノが、今、誰かの「ステキ！」になるのです。

回数を重ねるうち、私の関心はモノから人へシフトしました。パーティに参加した人たちが、つながっていく。一緒に仕事をするようになった方もいらっしゃいます。

こんな様子を見るのが嬉しく、何よりしあわせなのです。

そして、この会に参加された方の中から、新たにクリーニングパーティを開く人が何人か現れ、そこからまた女性同士の楽しい輪が広がっています。あなたも開いてみませんか？　パーティ後に残った服などは、全て「かにた婦人の村」へ寄付しています。

◆ **かにた婦人の村**　http://bunka-isan.awa.jp/About/item.htm?iid=446
（参加費は、会場費、寄付先への送料などにあてており、変更することもあります。）

chapter 2
おさらい

「働く」は、あたりまえ。

「自由に生きる」「老後資金の準備」

「離婚のリスクへの備え」

これらには、仕事は、欠かせないものです。

結婚していても、していなくても
ほとんどの女性は最後は一人。

経済的な自立は必須です。

chapter

3

お金の整理整頓、お金の見える化

老後、毎月いくら使うのか、計算してみる

さて、そろそろ具体的なお金の話に進んで参りましょう。
お金のことが苦手、という方にも、アレルギーが起きないよう
分かりやすくお伝えしていきますので、ついてきて下さいね。
あなたの不安を一つひとつすっきりさせていきます。

はい、それでは……
「ねんきん定期便」で、老後の収入「年金」の
見込額を確認します（通知ハガキの見方は20P参照）。
見込みは年額で出ていますので、12で割って、1カ月どのくらい
年金が受け取れるのか、まず把握しましょう。
そして次。老後の支出を考えます。

生命保険文化センターが出している
平成28年度生活保障に関する調査《速報版》を見ると、
夫婦二人での最低日常生活費の平均額は月額で22万円となっています。
そして、ゆとりある老後生活費は月額で平均34・9万円。

いかがでしょうか？

これはあくまで平均。東京近郊も地方も持ち家も賃貸も
み～んなひっくるめての平均です。ですから、あくまで参考の数字。
現役の今、月々20万円で生活しているご夫婦もいれば、
100万円を超える生活費を使っているご夫婦もいるでしょうから、
ゆとりのある老後生活費といってもそれぞれだと思います。

では、あなたの場合はいくら必要でしょうか？
これが分からなければ、始まりません。
老後の生活費は、今の暮らしの延長線上にあります。
ですから、今の生活費をはっきりさせることで
老後の生活費が見えてきます。

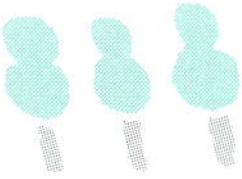

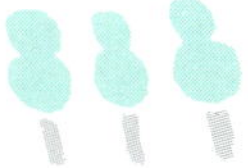

騙されたと思って、「2分de家計簿」をつけましょう

みんながイヤ～な顔をする家計簿ですが、どうですか？ つけていますか？ 私は実は家計簿が大好きです！ なぜって、つけていた方が簡単に貯蓄することができるから。それに気持ちも軽やかでいられるからです。

知らないうちにお金が増えていた、という話はまず耳にしませんが、知らないうちに減っていた、という経験は誰にでもあるでしょう。なぜそうなってしまうのでしょうか。家計簿があれば、その理由が分かります。

もしつけていないなら、「2分de家計簿」を、今日からすぐにつけ始めて下さい。「家計簿なんて、古臭いし、今さら？」とか「つける時間なんてないわ」なんていう声が聞こえてきそうですが、私がおすすめする家計簿は大丈夫。

なんたってたった2分ですから！

さすがにこれなら、忙しい人でもできます。

そのつけ方は後ほどお伝えしますが、その前に、実はこんなに偉そうに、「家計簿をつけましょう」と言っている私自身、つけていなかった時期がありました。

家計簿自体はもともと母がつけていたこともあり、それが妻の役目と思い、結婚してからは当たり前のようにつけていました。当時つけていたのは、Ｅｘｃｅｌで作ったオリジナルの家計簿。どうせやるならと、細かく計算式を入れたり、平均値が出るようにしたり、予算を入れてみたりして。いろいろ工夫していました。確かに貯蓄は増えましたが、家計簿そのものはマニアック過ぎて、かなり手間のかかるものになってしまいました。そして、当初の目標だったマンションを買ったら、なんだか気が抜けてしまい、結局、面倒になってやめてしまったのです。

そんなとき、実家に帰ると、80歳近い母が、相も変わらずちゃんとつけている……。今さらそんなにきちんとしなくてもいいのでは？ もうそんなに使わないし、全部使ったっていいのだから。「もう家計簿なんて必要ないでしょう？」と言ってしまったんです。すると「つけないと気持ち悪い」との返事が。

ずっと続けてきた母には、「お金を貯めること」や「節約すること」は目標ではなく、単なる習慣。だから、お金が貯まっていく。そのとき、「あー、私は母に負けている」と悔しい気持ちが湧いてきたんですよね。母は、毎日家計簿をつけ、使うところは使う、無駄遣いはしないとお金の使い方にはメリハリがあり、しっかり貯蓄もしていました。さらに驚くべきことに毎日株価をチェックし、投資もしていました。しかも年金や保険などの知識も豊富だったんです。

母のようにした方がいいことは、子どもの頃から見ていて分かってはいましたが……。結局、当時の私はまだ習慣にはなっていなかったんです。

お金はきちんと管理した方が貯まりやすいということは、家計簿をつけていない方でも想像はできるでしょう。どんぶり勘定の会社経営が上手くいくはずがないことと一緒です。私が現金でマンションを買えたのは、結局家計簿をつけてきちんと数字を把握していたからなんです。

私は再び、家計簿をつけ始めました。そして今回は、前回の挫折を教訓とし、わずか2分でつけられるシンプルなものを作りました。すると、それがすっかり習慣化した頃から、どんどん嬉しい変化が現れたんです！

1 毎日の習慣にできたことで、自己肯定感が芽生え自信がつく
2 お財布の中がいつもスッキリしていて気持ちがいい
3 つけることによって無言の抑止力が働き、支出が減る
4 お金を残したくなるし、無理なく残るようになる
5 お金を気持ちよく使えるようになる
6 クレジットカードや通帳の数も減らせてスッキリする
7 クレジットカードをあまり使わなくなり、明細を見て愕然としなくなる

8　年単位でお金のことを考えるようになり、将来のことを考えやすくなる
9　自分の方向性が定まることによって労働意欲が湧き
その結果収入が増える
10　貯蓄のスピードが増し、貯蓄額が増える

ざっと思い浮かぶだけでもこんなにいろいろ。
もうつけ続けるしかありません。ポイントは、習慣にすることです。
やらないと気持ちが悪いと思えたら、バッチリ！　歯磨きと一緒です。

◆「2分de家計簿」ならカンタン。さぁ、やってみましょう！

私が提案する家計簿は「2分de家計簿」というくらいですから、お手軽です。過去に、複雑な家計簿で挫折しているので、シンプルにしています。

計算が面倒なので、手書きではなく、Ｅｘｃｅｌの表に計算式を入れて使います。ところで、あなたのお金はどこから出入りしますか？　お財布と銀行口座の2カ所ですよね。クレジットカードも銀行口座から引き落とされます。だから、この2カ所の動きを入力するだけのシンプルな仕組みとなっています。

もう一度お伝えしますが、お金が出る場所はたった2カ所です。お財布のお金の動きは、❶「お財布スッキリシート」に入力します。通帳のお金の動きは、❷「通帳スッキリシート」に。その合計を❸の年間収支一覧表に入力します。

では、これらの使い方について、具体的に説明していきましょう。

◆最初に支出の項目を考える

人によって、家庭によって、支出の項目は違います。子どものいない我が家は、生活していくためのお金以外は、二人の小遣いだけ。だから、夫費、妻費と名付けました。

まずは、つけ始める前に、現金で支出するもの、預金と現金両方から、預金から支出するもの、それぞれ項目を考えて下さい。お一人おひとり違ったものになると思います。

この1日2分の家計簿をつける時間は、あなたの人生を変えるでしょう。当然、お金が貯まり始めます。そして出ていく

支出の項目（参考）

財布からの支出（色付き）　預金からの支出（白）

	財布	財布	財布	財布	財布	財布	預金	預金	預金	預金	預金	預金	預金	預金	預金	預金
A 深川家	生活費	夫費	妻費	医療費	大型費	その他	光熱費	住居費	通信費	iDeCo	つみたてNISA	貯蓄性保険	掛け捨て保険	国民年金	健康保険	税金
B お子さんがいるご家庭	生活費	夫費	妻費	息子費	娘費	その他	光熱費	住宅ローン	通信費	管理費・修繕積立金	つみたてNISA	貯蓄性保険	掛け捨て保険	銀行積立	車ローン	税金
C シングル女性	生活費	美容	洋服	グルメ	学び	その他	光熱費	住居費	通信費	iDeCo	つみたてNISA	貯蓄性保険	掛け捨て保険	銀行積立		

- 各家庭で事情が異なりますので、項目は自由に設定して下さい。
- 財布からの支出項目は6個、預金からの支出項目は10個までにして下さい。細分化してしまうと複雑になり、本来の目的である「現状把握・使途不明金を無くすこと」から離れていってしまいます。
- クレジットカードでの支払いは、明細を見て各項目に振り分けて入力して下さい。

お金が減ります。収入も増えます。そんな調子のいいことあるわけないと思いますか？　家計簿をつけるのにお金はかかりません。まさか、と思ったら試しにやってみて下さい。

◆ 1日たった2分。「お財布スッキリシート」に入力するだけ

「お財布スッキリシート」には、財布から出ていったお金を単純につけていきます。

右のサンプルには私の普段使っている項目をあてはめました。財布からの支出項目はかなり限られていると思います。シートをお使いの際は、ご自分の暮らしに合った項目を自由に入れて下さい。使い方は、拍子抜けするほど簡単です。

お財布スッキリシート（参考）

この欄には、財布に入れた金額を入力

項目は、自分が把握しておきたいものを設定。但し細かくしないこと

財布の残高と一致させる。ここが、ピッタリ合って気持ちのいいポイント！

1月		財布に入金した金額	財布からの支出						残高
			生活費	夫費	妻費	医療費	大型費	その他	
現金	前月残	—	—	—	—				23,800
	1								23,800
	2								23,800
	3	20,000	7,890						35,910
	4		1,489						34,421
	5	20,000	1,135		32,000				21,286
	6		1,028			3,000			17,258
	7	20,000							37,258
	8		2,488		14,918				19,852
	9								19,852
	10	20,000	3,256	2,000	2,000				32,596
	11		2,980		7,800				21,816
	12								21,816
	13		3,216						18,600
	14								18,600
	15		2,300						16,300
	16								16,300
	17	20,000			1,000				35,300
	18		3,400						31,900
	19								31,900
	20		1,298		1,100				29,502
	21				474				29,028
	22								29,028
	23								29,028
	24		2,758						26,270
	25								26,270
	26	20,000	3,101		18,684				24,485
	27		110						24,375
	28		1,064						23,311
	29		5,145		11,159				7,007
	30					3,000			4,007
	31								4,007
	TOTAL	120,000	42,658	2,000	89,135	6,000	0	0	4,007

1　支出欄のそれぞれの項目に、使った金額を入力
⇩
2　財布の中身を全部出す
⇩
3　出したお金を数える
⇩
4　残高と実際のお金が一致していればOK

そして財布の中身と、その日の残高が合わなければ、何か忘れていないか思い出して、一致させます。それだけです。ポイントは、「毎日やること」。

1日つけなくても、前日のことは思い出せますが、2日つけないと、簡単に忘れてしまうものです。合わなくなるとなんだかイライラしたり面倒に思ったり。これは挫折の原因になります。毎日、残高を一致させる。この「気持ちよさ」を味わって下さい！　これが習慣にする秘訣です。

ということで、普段は毎日ここの横一列を入れるだけ。少し大きな出費が

発生した時は、念のため欄外に内容を記録します。たとえば「美容院代」や「ご祝儀」など。2分で家計簿と言ったものの、お財布スッキリシートに関しては、2分もかかりません。ただ、たんたんと現実を入力するだけ。節約しようとか、無駄遣いをしてしまったなどと余計な感情を入れると、わずか2分でもつけるのが辛くなります。

何より習慣にすることが大事です。だから、項目分けはざっくりでOK。スーパーのレシートの中身を分けなければならないと考えると、その作業が面倒ですよね。食費も消耗品費も「生活費」とひとまとめにします。また、項目を細かく分けると「何費に入れていいか迷う」ことが増えます。これも、家計簿をつけることがおっくうになる原因です。お友だちとのランチ代は、何費にしますか？ ちなみに、私は自分のおこづかいと考えて「妻費」としています。何費にするかを決める「区分けルール」は自分で決めちゃえばいいんです。

◆月に1回の「通帳スッキリシート」

やり方は、「お財布スッキリシート」（90P参照）と同じです。ただ、これは毎日ではなくて1カ月に1回で十分。預金に動きがあるたびに更新しておきたいという方は、もちろんその都度つけてもOKです。口座から毎月引き落とされるものはほとんど決まっているので、あらかじめ作った項目に入力していきます。ちなみに、我が家は預金口座を二つ持っているので、二口座分作っています。皆さんも、口座の数だけこのシートを作って下さい。

1 銀行口座の先月の残高を入力
⇓
2 今月の収入の欄に、収入額を入力
⇓
3 口座から引き落とされた金額を入力
⇓

4　今月の残高と通帳残高の一致を確認する

これで終了です。お金は数字ですから、答えは一つ。間違いなく入力すれば、残高は一致します。数字がピタっと合うと、とても気持ちがいいです！

クレジットカードの引き落としに関しては、明細を見て、個々に該当する項目に入力します。こうしてありのままの預金の流れを入れていくだけで、通帳の動きが分かります。お財布スッキリシートと通帳スッキリシートを合計すれば、1カ月の我が家の収支が分かります。

シンプルに考えれば、出ていくことだけ管理していけばいいということ。夜PCを立ち上げて2分の作業。カンタンなのです。

◆ 1カ月のお金の流れが判明するということは

お財布スッキリシート、通帳スッキリシート、たったこれだけの作業です。

これをやると、今月の収入と支出がはっきりします。そして、これを毎月やっていくと、自分が普通に生きていくのに1カ月どのくらいのお金がかかるのか、くっきり見えてきます。

そして、節約効果も一目瞭然。例えば今月の食費が5万円かかったとしたら、来月は4万8、000円以内にしてみようとか、2、000円減らすくらい簡単と思ったら、さらに次の月は4万5、000円以内に抑えてみようとか。時には、翌月はイベントごとがあるから少し多くてもいい、ということもあるでしょう。どちらにしても、数字が基準になっていればカンタンに考えられます。

数字をはっきりさせて支出を抑える、というと自分を厳しく律するイメージがあるかもしれないですが、むしろ逆です。数字という明確な事実があるからこそ工夫ができるし、「できた」ことがすぐ分かる。そして「来月また2、000円節約してみよう」と、出費を抑えられます。ただ漠然と「節約

	住居費	通信費	iDeCo	つみたてNISA	貯蓄性保険	掛け捨て保険	国民年金	健康保険	税金	残高
										500,000
	30,000									
		20,000			60,000					
				20,000						
	30,000	20,000	0	20,000	60,000	0	0	0	0	335,000
										240,000
			23,000							
				20,000						
						5,000				
							16,000			
								30,000		
	0	0	23,000	20,000	0	5,000	16,000	30,000	0	396,000
	30,000	20,000	23,000	40,000	60,000	5,000	16,000	30,000	0	

通帳スッキリシート（参考）

1月	収入&財布へ	預金からの支出						
		生活費	夫費	妻費	医療費	大型費	その他	光熱費
A銀行 前月残								
給料	300,000							
水道								8,000
ガス								9,000
電気								7,000
住居費								
クレジットカード		20,000	28,000	13,000				
夫費			130,000					
つみたてNISA								
利息								
税金								
財布へ	-120,000							
合計	180,000	20,000	158,000	13,000	0	0	0	24,000
B銀行 前月残								
給料	250,000							
iDeCo								
つみたてNISA								
貯蓄性保険								
掛け捨て保険								
国民年金								
健康保険								
クレジットカード								
利息								
税金								
財布へ								
合計	250,000	0	0	0	0	0	0	0
財布＋通帳の合計	550,000	62,658	160,000	102,135	6,000	0	0	24,000

財布スッキリシートと通帳スッキリシートの合計金額です。この金額を「年間一覧表」に入力しま

しよう」としてもなかなかできないものですよね。でもこれなら、ちゃんとできたかどうかがはっきり分かるから、やりがいも出てきます。

さらに、「節約すべきは毎日の細かな食費ではない」ということも分かってきます。家計全体が見えるようになると、支出を抑えるべきは、毎月必ず出ていく固定費だということに気づきます。

◆「年間収支一覧表」で将来の自分を描きましょう！

1カ月の合計が出たら、最後は毎月「年間収支一覧表」に入力し、最終的に1年間の表にしていきます。この表から、家計全体の収入支出が見えてきます。これを毎月入力していくことで、1年間のお金が「見える化」できます。

「見える化」のための家計簿ですから、合計金額を見て落ち込む必要はありません。とはいえ、数カ月は、「使い過ぎている」と感じるでしょう。現実を見て、己を知ること。ここから始まります。正直、お金を使い過ぎている自分と向き合うのは辛いこと。しかし、事実は事実なんです。
この家計簿をつけると、少しずつ意識が変わり、考え方が変わります。すると、行動も少しずつ、そして確実に変わりはじめます。

例えば、外食の回数を減らしてみようとか、安いお店を探してみようとか、そう考えるようになります。今まで週に1回だったけど、2週間に1回にしようか、とかその程度のことです。意識が変わっただけのことだから、苦痛も伴わないし、無理もしていないのです。

実は、私自身もこの年間収支一覧表を見て変わりました。ある年のお正月、前年の収入・支出・貯蓄の金額をじーっと眺めていたら、「この程度の収入じゃ満足できない」と思えてきたのです。
私は自営業ですから、売り上げから経費を引いたものが実際の手取りになります。それを見て、「こんな金額では会社員の頃と変わらない。もっと貯

年間収支一覧表（参考）

	1月	2月		12月	合計	平均
収入						
夫	300,000					
妻	250,000					
その他	0					
合計	550,000					
支出						
電気	8,000					
ガス	9,000					
水道	7,000					
その他（NHKなど）	0					
水道光熱費など	24,000					
住居費	30,000					
通信費	20,000					
生活費	62,658					
夫費	160,000					
妻費	102,135					
医療費	6,000					
大型費	0					
その他	0					
掛け捨て保険	5,000					
健康保険	30,000					
税金	0					
合計	439,793					
差引	110,207					
貯蓄						
iDeCo	23,000					
つみたてNISA	40,000					
貯蓄性保険	60,000					
国民年金	16,000					
その他	0					
合計	139,000					

＊上記は、1月の収支のみ入っています。2月以降も同様に入力していきます。

めたい。もっと使いたい！」と思えてきたんです。だったら収入を増やすしかない。そして、「今年はもっと働いて、去年よりプラス100万円貯金する！」と決意しました。とはいえ、「頑張る！」なんて、実は私は苦手。だから、特に何も変わったことはしなかったのです。でも、不思議なものです。決めただけ、去年よりもう少し働こうと思っただけ、なのに、面白いように、いろいろ変わり出しました。

「働くって決めたんだから、あまり行きたくないお誘いは断ろう」とか、「だらだらテレビを見るのを止めよう」とか、ちらちらっと、そんなことを思うようになっていったんです。結果、明らかに収入が増えました。ハードな仕事をしたわけでもないのに。

家計簿をつけていたから、どのくらい増えたのか数字で分かります。数字が増えていくのを見ると嬉しい。嬉しいとモチベーションが上がるから「さらに増やそう」って思うんですよね。

「目標設定しろ」なんて誰かから言われたら、プレッシャーで萎えてしまうタイプです。でもね、目標を立てようって思えた。不思議な体験をしました。こうやって、自分を客観的に見ると、人って変わるものなんです。「見える化」した数字は、事実。自分の本当の姿を見せてくれたのです。

◆ 家計簿をつける目的は、現状把握。節約ではありません

生活の「現状把握」。これが家計簿の役目です。「今、どう暮らしているのか」を確認するためのものです。そのために数字を出してお金を「見える化」する、それが目的なんです。

贅沢などせず、ただ家にいるだけだったとしても、水を飲む、食事をする、冷暖房を使う、家賃を払う、税金を払う。そんなふうにお金は出ていくもの。

生きるってお金がかかるんですよね。どんなに節約したって、健康に健全に生きていくためにはある程度のお金が必要。そのことは、潔く認めてあきらめましょう。そして、自分が生きるのに、ひと月いくらのお金がかかるのか。それをちゃんと直視する。

私はそんな当たり前のシンプルなことに気づいてからは、す〜っと気持ちが軽くなり、家計簿をつけることが楽しくなりました。今では、節約しなきゃとか、頑張って貯めなきゃとか余計なことを考えず、気持ちよくお金を使っています。そして着実に貯めています。

節約のためではなく、まずは、自分を、暮らしを客観視するために家計簿をつける。余計な感情を入れず、ただ数字を記録していく。淡々と毎日の習慣にしていく。こんな気持ちで、気軽に家計簿をつけ始めてみて下さい。

◆ クレジットカードの整理をする

いつのまにかクレジットカードが増えていた、なんていうことありませんか？　ポイントカードを作ろうとしたら、プラスのサービスがあるからなどと誘われて、つけてみたらクレジット機能だった、なんていうこともあります。

勧誘された時に断ればいいのですが、つい入ってしまい、さらに、適当にそのカードを使っていたら、わけが分からなくなってしまった……。日ごろの現金の管理さえできていないのに、さらにクレジットカードが何枚もあったら、ますます管理できなくなってしまいます。

カードを何枚も持っている方は、ぜひ整理して下さい。せいぜい2枚あれば十分。メインで使うものと予備。そのうち、ふだんお財布に入れて持ち歩くのは1枚で十分です。カードによって引落し日が違うし、引落し口座が別になっている場合もあるでしょう。家計簿をつける上でも面倒です。

1枚にすると、引落し日も月1回だから、お金の流れが分かりやすくなります。集約して不要になったカードは早めにキッパリ解約しましょう。クレジットカードや口座を一つずつ減らしていくことは、不要なものをどんどん減らしていく作業です。

もちろん、カード1枚、通帳1冊を捨てたところで、部屋の中のスペースが大きく空くわけではありません。でも、こうしていらないものを一つずつ片づけていくと、手放す心地よさを感じます。

かさばらないけれど、心の中にひっかかっていた何かが、スッと消えていく、そんな爽快感をぜひ味わって下さい。そして、お金の流れもすっきりします。それは、徐々に支出が減り、貯蓄が殖えていくという変化として現れます。こうご期待！

◆クレジットカードは麻薬と一緒

ここで断言しますが、クレジットカードを使わない方が、お金は貯まります。こういう話をすると、「でもポイントが貯まるから……」とおっしゃる方がいます。

でも、そのポイント、ちゃんと管理できていますか？　ポイントを増やすことを考えて、まさかリボ払いにしている、なんていうことはないですよね。ポイントを貯めたいのなら、お金と同じように管理が必要。そのためには、カードは1枚に集約すべきですが、ほとんどの方がそこまでやっていません。

仕事の帰り道、ふらっとウィンドウショッピングをしていたら、安くなっている服がありました。50％ＯＦＦです。現金をあまり持っていなくても、クレジットカードがあればパッと買えます。ついカードを出しちゃう。そんなことはないでしょうか？　こうした買い物が当たり前になってしまうと、使い過ぎてしまいます。こうならないためには、クレジットカードを持たないことが一番なのです。

とはいえ、何かの時のために、財布にカードを入れておくのは仕方のないこと。使い過ぎないためには、まず自分でルールを作ることが大切です。

そして、カードの使い過ぎも家計簿をつけることでセーブできます。家計簿をつけるようになると、現金払いの方が入力が楽。だから、明細と突き合わせて確認しなければならないカード払いを自然に避けるようになります。明細を項目ごとに分類するのは、本当に面倒です。何を買ったか忘れてしまっているものもありますし。クレジットカードを使わなくなり、自ずと支出が減る。家計簿には、そんな効果もあるのです。

そうはいっても、いずれ現金をほとんど使わない時代がやってくるでしょう。便利ですが、お金に対する感覚が麻痺し、支出が増えていきます。だからこそ、今のうちに自分の支出をちゃんと管理する方法を身につけておくことが必要なのです。

◆ 無駄な銀行口座は整理

ここまで、クレジットカードの整理について説明してきましたが、もう一つ、金融機関の口座もスッキリさせましょう。

口座は二つで十分。メインで使う口座と、予備の口座です。たまに、口座は夫名義のものだけというご家庭がありますが、自分名義の口座を持っていないと、お金に不自由する恐れもありますので、ぜひ作っておいて下さい。

以前住んでいた部屋の家賃の引落し口座や、前の勤務先で作れと言われた口座がそのままになっていませんか？　気づいたら、少しずつ残高の残った通帳が知らないうちに増えていた、なんていうこともあります。相続の際も手続きが煩雑ですので、銀行口座は今のうちに整理しておきましょう。

口座に貯めるお金は、多くても100万円までで十分。私は、普通預金も定期預金も合わせてそのくらいです。もし、無収入になっても3〜4カ月は生活できる金額です。後の章で詳しく説明しますが、今どき、銀行に預けていても、定期預金にしたところで、ほとんど殖えません。

現在、銀行の定期預金に100万円以上預けていて、それを5年以内に使う予定がないのであれば、別の金融商品に預け替えることをお勧めします。

老後のために貯めているのなら、なおさらです。すぐに銀行に預けてもほとんど殖えないけれど、一括払いの保険で運用すればずっと殖えます。詳しくは、第5章で述べますが、私はまとまったお金は、元本保証の貯蓄性の保険を中心に運用しています。

◆ATMは月に一度。ちまちま下ろす人は貯まらない

銀行口座との付き合い方について、もう少しお伝えします。
頻繁にATMへ出かけて、少額ずつ引き出している方がいます。でも、これはダメです。恐らく「お金を使ってはいけない」という意識があっての行動なのだと思います。でも、管理しないまま、1万円ずつ下ろすのを1カ月に十何回もやっているようではお金は貯まりません。そして、時間もとられます。そのうち何回か手数料を引かれていたら、もったいない!

銀行から引き出すのは月1回にして下さい。たとえば1カ月に必要な現金が10万円だったら、月1回、10万円を引き出してしまう。そしてその都度必要な額のみ財布に入れ、残りは封筒に入れて机の引き出しなど、安全なところにしまっておく。これで1カ月やりくりしてみる。この方法がベストです。

もちろん足りなくなったらまた引き出せばいいわけですが、少なくとも、こうすれば頻繁にATMへ行かなくてもいいし、通帳スッキリシートの入力も簡単です。1カ月にどのくらい使うのか、家計簿をつけていればだいたい分かります。引き出し額はそれを目安にすればいいのです。

貯められない人にこそ、このシステムがお勧めですよ。

＊アラフィフはこんな問題を抱えている　case 2

3年前は、年金の少なさや一生独身の恐怖から不安だらけ。ところが家計簿をつけてからは、お金が減る気がしない。

〈独身女性　46歳　実家暮らし〉

両親との同居のため、給料はほぼ全部お小遣い。そのため緊張感なく貯蓄をしてきたそうです。46歳時は、手取り年収360万円、銀行預金1,300万円。「将来、年金がたいしてもらえないことと、一生独身の可能性が高いことを考えると不安で仕方がないです」と相談にいらっしゃいました。

リスクの大きい投資には抵抗があるとのことなので、外貨建ての個人年金保険に2万円加入。がん保険は月額保険料約4,000円のシンプルな貯蓄性のものに変更。為替の影響もありますが、この二つで少なくとも老後資金約650万円の準備を終えました。

翌年47歳には、銀行預金1,300万円のうち、まず200万円を一時払いで外貨建ての貯蓄性保険に加入。目標を110%に設定しました。達成して220万円になる時期は未定ですが、達成できなくても外貨で元本保証ですから安心です。

ここから、「2分de家計簿」を開始。もともと書くことが好きなこともあり、楽しんで家計簿を習慣化。レコーディングダイエットと同じで書くだけで抑止力が働き、無駄な支出が減ります。なるべく弁当を持参したりカフェの利用回数を減らしたり、自宅でくつろぐようにしたり。趣味の映画鑑賞は削りたくないので、その分平日にお金を使わない日を作ったり。次第にお金が残るようになっていきました。「休日に家で過ごす時間が増えたことで、読書量が増え、両親と食事をともにすることも増え、なんとも穏やかに過ごせるようになって、自分でもびっくりです」。

一つずつ資産形成をするステップを踏み、家計簿をつけてきたので48

歳になると、1年間の支出を俯瞰《ふかん》できるようになっていました。
今では「家計簿をつけることで、支出の速度が遅くなり、『お金が減らない』」ように感じられるようになったとか。

そこで、iDeCo、つみたてNISAにまず1万円ずつ挑戦。最初、運用は怖いと思っていたのですが、銀行預金にある1,100万円のうち、ある程度は運用に回しても大丈夫なのではと思えるように。カナダのランドバンキング、S&P500の海外での運用なども検討したいと、2年前とはまるで違う考えになっていました。

今後、65歳まで働く予定で、60歳時点で500万円のリフォームをすると想定して「みらい年表」を作ってみると、89歳でマイナスに。また、ご両親の介護や万が一働けなくなった時のことなど、想定外のことが起こるともっと早くマイナスに転落してしまう可能性もあるので、資産運用をするだけでなく、ご両親や弟さんとも今後のことを話し合っておく必要があります。

年に少なくとも1回はお会いし、状況を確認し、さらに一歩進めていただくアドバイスをしてきました。

アラフィフになったら、毎年定期的に資産状況や環境変化を確認し、人生最後までお金に困らず暮らせるよう考えていきましょう。

Column

ポイントカードの多い人は、“無駄遣い体質”!?

ポイントカードで、財布がパンパンになっていませんか？　ポイントを有効に使えてますか？　期限切れになって、「残念」って思っていませんか？

私は3枚です。いつも行くスーパー2軒とドラッグストア。頻繁に買い物する店のものだけに絞っています。年に一度くらいしか買わない店のカードは、勧められても作りません。きっぱり断ります。

以前、財布の中に40枚以上のポイントカードが入っている方にお会いしましたが、目当てのカードを探すだけで大変。私は、大量のポイントカードを財布に入れていて、お金が貯まっている方を知りません。ポイントカードの枚数と貯蓄額には相関関係があります。ポイントカードの多い方は、勧められると断り切れず、お得だからまあいいかと作ってしまい、買わなくてもいいものをポイントが貯まるからと買ってしまうのです。

つまり、優柔不断で無駄遣い体質！　これでは、一向に貯蓄は殖えません。財布の中のポイントカードを一度全部出してみて下さい。期限切れのもの、きっと行かないと思う店のものを、潔く捨てて下さい。気持ちがすっきりします。

自分にとって何が大切かという「価値観」や、自分がどうなりたいか、どうしたいかという「理想」や「希望」をいつも思い描いていれば、買い物のスタイルもシンプルになります。ごちゃごちゃしていて、面倒で困るのは自分です。

それに、財布は意外に目につくものです。特に友人とのレストランやカフェでの会計は、まとめて払うのか、割り勘にするのか、手間取ったりしませんか？　そんな時、手にしているあなたの財布は見られていま

す。でも、大丈夫。毎日家計簿をつけていれば、その都度、財布の中も整えますから、すっきりをキープできます。パンパンに膨らんだ財布は、やっぱりみっともない！

それから、小銭もついつい貯まってしまいませんか？　とっさに暗算ができなかったり、サッと小銭の準備ができなくても、まあいいやとお札を出してしまいがちです。これから歳を重ねるごとにますますその傾向は強まります。暗算をしたり、小銭をなるべく使うようにと頭を使うようにすると、認知症予防にもなるかもしれません。

いつも美しい財布を持ちましょう。毎日、財布を見るたびにしあわせな心持ちを味わえます。

chapter 3

おさらい

「2分de家計簿」は、とってもカンタン。
毎日たった2分。たんたんと入力。
漠然とした状態で節約するのは無理だけど、
数字ではっきり現状が分かるから、
工夫したり節約したりできる。

chapter

4

これからの時代の、お金の貯め方・殖やし方

コツコツ先取貯蓄が、結局一番カンタンで近道

いよいよ、お金の貯め方・殖やし方です。
一攫千金を狙う話ではありませんが、
「お金を殖やしたいけど、なかなか貯められない……」
という方にはぴったりな話です。
お金が減ってしまうのは嫌！　元本保証で大きなリターンを取りたい。
だれだってそんな方法があったら、知りたいですよね。
でもね、やっぱり地道な積み重ねが一番の近道なんです。
ダイエットを思い浮かべれば、よく分かると思います。
コツコツ積み重ねていくしかありません。
もういい加減に腹をくくって、コツコツ貯めましょう！
となると、とにかく、「先取貯蓄」です。

お給料が入ったら、貯める分を先に引いて残りのお金で生活をする貯蓄法。
一番カンタンで貯めやすいやり方です。
財形でも、銀行の積み立てでも、貯蓄性保険でも、投資信託でも、
なんでも構いません。原則は給料の2割。無理なら1割でもいい。
とにかく、まず、始めることが大切です。
焦る必要はありません。
皆さんそれぞれ、いろんな状況だと思いますが、
スタートラインが2割だということは覚えておいて下さい。
お給料が入ったら、毎月自動引落しして貯蓄できる仕組みを作る。
そして、そのお金はそもそも無いものとして生活しましょう。
お金を貯める基本はこれだけ。
えっ、そんな簡単なこと!?　と思うでしょう。
ではやってみましょう！
それすら「できない……」と言い訳していたら、一生お金に困るだけです。
豊かでしあわせに暮らすベースづくりはコツコツからです！

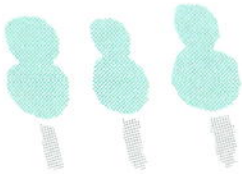

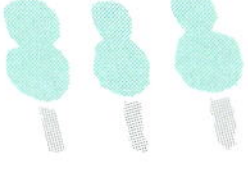

◆老後資金の目標額はどうやって決める？

老後資金について考えることを多くの人が先送りしています。来年死ぬかもしれないし、100歳まで生きるかもしれない。そもそも自分が何歳まで生きるのか分からない。だから「今後いくら必要なのか」「どのくらい用意すればいいのか」を考えられない。自分が死ぬことは想像しにくいです。

何歳まで生きると想定するか。これは平均寿命を参考にします。2017年現在、日本の女性の平均寿命は87・26歳。中途半端な数字なので、私は自分の寿命を90歳に想定して準備しています。ただし、人生100年時代。「自分は100歳まで生きるつもりだから90歳では心配」という方は、もちろん100歳で考えてもOKです。実際、日本の女性は4人に一人が95歳以上生きると考えられています。たとえ予想より早く亡くなったとしても、お金が余って迷惑という家族はいないでしょう。

心身が健康な状態であることを示す健康寿命は、2016年の時点で女性は74・79歳。この年齢を超えるといきなり寝たきりになる、ということではありませんが、亡くなる10数年前からは、思うように身体を動かせなくなる恐れがあります。このことも想定に入れて下さい。

年金以外に自分で準備する老後資金の目安は夫婦で3,000万円、シングルで2,000万円と、よく言われます。「ほんとにそんなに必要なの？準備するなんて無理！」そうおっしゃる方も多いです。ちょっと考えてみましょう。夫婦の3,000万円を、退職後の65歳から90歳までの25年間の資金と考えると、

3,000万円÷25年÷12カ月＝10万円

と、月々10万円を準備したことになります。

平成30年1月26日厚生労働省発表「平成30年度の年金額改定について」によると、夫が平均的収入（平均標準報酬《賞与含む月額換算》42・8万円）で40

年間就業し、妻がその期間すべて専業主婦であった標準的なモデルの場合は、二人で1カ月22万1、200円の年金を受け取ります。これに10万円を足すと32万1、200円となります。

3、000万円の根拠は、こうした計算のもとで出てきたものです。では、あなたとご主人の受け取る年金額はどのくらいでしょうか？

第1章のねんきん定期便をもう一度ご覧になって、その受取見込額に月々10万円足してみて下さい。その金額で十分生活できるか、それとも足りないか、ご家庭によって、結果は違うと思いますが、3、000万円はかなりリアルな金額ではないでしょうか？そして、それは貯めようと思えば、貯められる金額でもあるのです。

月々の生活費はこんな算出方法もあります。

通常、老後の生活費は、現役時代の生活費の約80パーセントです。この「現役時代の生活費」。お子さんがいる方であれば、生活費から子どもの教育費を除いた金額です。二人でごくごく普通に、特に贅沢もせずに暮らす生活レベルならこのくらいかと。

〈未来の「見える化」をするための公式〉
（月々の現在の生活費－教育費）×80％＝月々の老後の生活費

あなたの場合、いくら貯める必要があるでしょうか？　第2章の「2分de家計簿」で現在の生活費がはっきり分かれば、それを基準にして、老後の生活費も考えやすくなります。人によって、今までの働き方、家族構成、生活費、そして、相続する財産などみんな違います。

お金のことは、本当に人それぞれです。そして、将来のことですから、未知数で分からないこと、決められないこともいろいろ出てきます。ひとまず、3,000万円という金額を目標に老後資金の準備を始め、後に微調整してはいかがでしょうか？

こうして、老後のために準備すべき金額を明らかにして、頭の中を整理していくと、実はそれだけでかなりの不安が払しょくできます。みなさん、だんだんお顔が明るくきれいになっていきます。ということは、不安な人ほど、とにかく「見える化」して頭の中を整理していく必要があります。

さて、このお金をどう貯めていきましょうか？　この３、０００万円、銀行で積み立てることを考えると、30歳〜65歳までの間、毎月７１、４００円ずつ積み立てていれば、65歳時点で達成できます。でもこれは多くの方にとって、非現実的な金額ですよね。だからといって、いきなり投資しましょう！と言われても、戸惑います。元本が保証されていないのは不安だと、みなさんおっしゃいます。

いきなり、訳も分からないまま投資をしようなんていう考えは危険です。焦らないで下さいね。まずはこんなことから考えていきましょう。

これ大事！「使う時期でお金を三つに分ける」

最初は「いつ使いたいお金か」を考えます。お金は使う時期ごとに、次の3種類に分けて貯めていきます。

❶ 5年以内に使う
❷ 5〜10年以内に使う
❸ 10年以上先（老後）に使う

なぜ分けるか。それは使う時期ごとに、それぞれ預けておくのにふさわしい場所が異なるからです。

使う時期	～5年	5～10年	10年～、老後
預け先	銀行（預貯金）	証券会社（投資信託）	保険会社（貯蓄性保険）

❶のすぐ使うお金は、日常使うものからせいぜい5年以内に使う予定のお金。日々の食事・日用品代、車や家具の購入費など。これは、何かに運用して、使うタイミングで元本割れなどしてしまったら困るので、銀行の口座に預けます。❷は、少し時間がありますから、預金だけでなく、証券会社などで投資信託を使って殖やしていきます。❸の10年以上先に使うお金は、投資信託や保険でしっかり殖やしていきましょう。こうしてお金を分けて考える。そしてふさわしい場所を決め、貯めていきます。

3章でお伝えしたように、さしたる目的がないのに複数の銀行口座を持っているのは無駄ですが、使うタイミングで預け先を分けておけば、使いながら効率よく殖やすことができます。お金を使いたい時に使えるようにし、使っても減らない状態にしていくことが大切です。

◆人生でお金を貯めるチャンスは3回あります！

人生には、ライフイベントにお金がかかる時期、あまりかからない時期があります。一生のうち、次がお金を貯めるチャンスです。

❶ 独身時代
❷ 結婚して、子どもの教育費がかかり出す前の時期
❸ 子どもが独立してから定年まで

あなたはこれまでどのようにやり繰りしてきたでしょうか。ここで一度振り返ってみて下さい。それから、お子さんがいらっしゃる方は、これらをお子さんに伝えて下さい。

❶ 独身時代―貯めグセをつける

まず、一人暮らしの場合は、実家暮らしと違い、住居費、食費、水道光熱費など暮らしていくための生活費（6割）がかかります。残りのお金で趣味や勉強、洋服代、交際費などの自己投資の支出（2割）と貯蓄（2割）をまかなっていかなければなりません。

特に女性は、美容院やネイル、化粧品、習い事など、定期的に出ていくお金がたくさんありますよね。自分磨きは大事。ご自身にお金を掛けてほしいと思います。私自身も30代の始め一人暮らしをしていた時は、毎月の手取りはほとんど使ってしまい、あまり貯蓄することができませんでした。だから、大変なことはよく分かります。それでも、少しでも貯めていくしかありません。キツイからといって、全部使ってしまっていては、困るのは未来のあなたですから。

ひと昔前のように、会社勤めをしていれば、年々給料が上がり、退職金ももらえるという状況ならいいのですが、現在では長年勤めていても、50代以降には給料が下がることも増えてきました。はい、これ大打撃です。困っている方のなんと多いことか！　のんびりしていては、貯えが少ないまま老後に突入してしまい、下流老人になってしまいます。毎月、頑張って手取り収入の2割を貯蓄に回して下さい。

「収入 — 貯蓄 ＝ 支出」です。下の表を見て下さい。貯蓄は、銀行預金だけでなく、財形貯蓄、iDeCo、NISA、貯蓄性保険などを合わせた金額です。きついですが、こうすると5年で手取り年収を貯めることができます。この表にはボーナスは含まれていませんから、もう少し余裕が

例えば、手取り20万円の場合は……

貯蓄	生活費	自己投資
2割	6割	2割
4万円	12万円	4万円

48万円 (1年)
48万円 (1年)
48万円 (1年)
48万円 (1年)
48万円 (1年)

5年で手取り年収
240万円
⇓
1年間の年収分に！

持てると思います。しかし、ボーナスは必ずもらえるものではありません。あてにせず、手をつけなくても暮らしていけるようにすると、かなり貯蓄のスピードがアップします。2割が難しければ、あきらめずにまず1割からやってみましょう。

一人だけの収入で暮らすことは大変ですが、いいこともいっぱいあります。なんといっても、好きなようにお金を使えます。これがしあわせなことだと、結婚してはじめて気がつきます。結婚した場合は、生活習慣や価値観がご主人と合わず、なかなか思うように貯蓄ができないといったケースも多々あります。また、お子さんの教育費がかかる世代はほとんど貯められないのが実情なので、今、一人の間にできるだけ貯蓄に励んで下さい。

次に家族とお住まいの方へ。社会人になったばかりのお子さんがいらっしゃるのなら、一人暮らしを想定して、月10万円以上は貯めさせて下さい。家賃も食費も光熱費もかからないわけですから。年間120万円。30歳までに約1、000万円貯めることが可能です。一人暮らしをすれば、家賃と食費と光熱費で少なく見積もっても10万円はかかりますよね。30歳で1、000万円持っていたら、強いと思いませんか? ここで貯めておけば、将来マンションを購入する時の頭金にもできます。この時期にお金を貯めさせましょう。子どもを邪魔扱いして、家からとっとと追い出して、お金にいつも困っている貧乏な子どもを作ってしまってはダメ。

子どもは早く独立させろとか、20代のうちはお金なんか貯める必要ない、という意見も耳にしますが、私は全くそうは思いません。この時に貯めないで、いつ貯めればいいというのでしょうか。20代で「使い癖」をつけてしまっては一生お金を貯められず、お金に振り回されるしかないのです。子どもが早いうちから貯めグセをつけられるよう、親はお手本になって下さい。

一方、社会人になってすぐ、奨学金の借金の返済が始まるという方もいます。社会人生活が300万円の借金から始まるのは、何もない人と比べて、かなりきついです。それなのに、さらに実家を出て一人暮らしをして、さらに生活が苦しいことになっている方もいます。

子どもの教育資金は、ぜひ早くから用意して下さい。「子どもが欲しい」と思った段階から、その子の教育資金を用意し始めるくらいでいいのです。お子さんにそんなことも教えてあげて下さい。人生前倒しです。


ということで、男性でも女性でも、「独身時代は貯めどき」と心得て下さい。繰り返しますが、お子さんには、「30歳まで独身だったら、1、000万円貯蓄」を目指すよう言って下さい。給料がそれほど多くなくても、金銭感覚がきちんとしている男性、女性は結婚相手として魅力的です。

それから、「貯金ができたら、結婚する」なんて言っていてもなかなか貯蓄ができないのが実情です。だったら、先に結婚しちゃいましょう。結婚すれば意識も変わり、二人で共稼ぎした方が貯蓄のスピードはだんぜんアップします。

② 結婚してからお子さんの教育費がかかるまで

第一子が10歳くらいになるまでが、第二の貯蓄のチャンス。お子さんの教育費がさほどかからない時期です。その後、小学校高学年頃からは、塾通いや中学受験の準備などでお金がかかり始めます。結婚してすぐの共働きの間は、まだまだ独身気分が抜けませんし、また、夫婦別々で財布を管理していると、なかなか貯蓄ができません。

結婚生活は最初が肝心！　最初から財布を一つにしてしっかり貯蓄に励んで下さい。そして、子どもを持ちたいと考えているなら、共働きをしていたとしても、いずれ妻が専業主婦になると仮定して準備を始めるといいでしょう。専業主婦世帯である場合の生活水準を考えて生活し、残りの分を貯蓄に回す、を実践しましょう。そして、子どもが産まれたら学資のための貯蓄性の保険を10年で払い終えるのもお勧めです。そうすると、高額の教育費がかかり始める頃には保険料の支払いが終わり、余裕を持って貯蓄ができます。

大学入学までに、17年間はあります。この時間を利用してしっかり貯めていきましょう。ただし、ひと昔前と違って、今の学資保険ではなかなか殖えません。教育費は学資保険と決めつけず、外貨建ての終身保険、変額保険、投資信託など、少しでも多く殖やすことのできる金融商品を利用して準備をして下さい。これらの金融商品については、この後説明していきますね。

❸ 子どもの独立～定年まで

50代の多くが、今、まさにこの時期ではないでしょうか。お子さんの教育費の負担が無くなり始めて、少し気が緩みがちだと思いますが、もうひと踏ん張り。子どもにかかっていた教育費がまだ続いていると想定して、その分を貯めていきましょう。

教育費を払い続けたその分を貯めていく。酷かもしれませんが、ラストチャンスです。これを定年退職時までがんばってみましょう。60歳か、できれば65歳までですね。まだ多くの会社が60歳定年。定年後も雇ってくれる会社もありますが、当然ながら60歳を過ぎると収入は減ります。それ以前に55歳くらいで役職定年でお給料が下がるということもあります。だから貯められる額は途中から減るかもしれませんが、ラストスパートです！　貯められるだけ、貯めましょう。少しでも多く貯蓄するために、資産を殖やすために、さてどうするか。次にご案内していきます。

◆殖やし方を知ろう。先取貯蓄を、保険や投資信託で始めるには？

前述した「先取貯蓄」は、貯めるのに最も有効な方法です。銀行口座を利用しての積み立ては、貯め始めの第一歩としてお勧めです。そしてある程度殖やし慣れてきた方は、銀行積み立てを卒業し、同じ先取貯蓄でも、別の方法に取り組んでいきましょう。というのも、せっかく先取貯蓄でコツコツ積み立てていても、銀行預金は下ろしやすいので、途中で手をつけてしまう可能性大だからです。

貯めながら、使って、結局貯まらない。そんな方が本当に多いのです！さらに、利息がほとんどつかない。殖えないからつまらない、貯めるモチベーションが上がらない、といったことになりがちです。

老後の資産形成の相談に来られるお客様には、投資信託や貯蓄型の生命保険を組み入れた方法をご提案しています。投資信託については後ほど詳しく説明しますが、保険は、先取貯蓄で手がつけにくく、長期にわたって資産形成できるのがポイントです。

実は、多くの方が、驚くべきことにほとんど内容が分からないまま保険に加入しています。50代以上の多くは、お子さんが大きくなっているので、高額の死亡保障は必要ありません。今後大切なのは、自分たちが生きていくための保障。介護や三大疾病をカバーするものです。そして、老後資金の準備がなにより大切です。

だから、資産形成に保険を活用するのが正解。掛け捨てで高い保障をとるようなタイプではなく、自分たちが生きている間にちゃんと受け取れるお金を保険で作るのです。老後資金を使うのは、まだだいぶ先。使うまでにまだ長い期間があるのは、保険の得意分野です。

とはいえ、保険選びが難しいのも事実。複雑で分かりにくいですし、しつこく営業されるのは嫌だと敬遠する方もいます。そこでオススメするのは一つの保険会社の保険だけを取り扱う「一社専属」ではなく、複数の保険会社を取り扱っている「乗り合い代理店」に相談することです。保険会社によって保険の種類や内容は違いますので、よりあなたの希望に合った保険を選ぶことができます。また、死亡保険と医療保険を別の保険会社にすることで、保険会社が倒産した場合のリスクを抑えるなんていうこともできます。

そして、保険は20年、30年と長い期間保有するものですから、ずっと親身になってサポートしてくれる担当者との出会いも重要です。

担当者は、保険だけでなく、投資信託などの金融商品を取り扱っていたり、相続や税金、住宅ローンなど様々な相談にのってくれる人であることも大切です。せっかく出会えたのですから、末永くあなたの資産形成を支えてほしいものです。担当者に今までのキャリアや今後の仕事に対する考えを聞くなどして、力になってくれる人かどうかを探ってみるのもいいですね。

◆ 投資信託とは？まとまったお金がなくてもＯＫ

私たちは、持っているお金に限界がありますから、大金持ちでもなければ、一度にいろいろな株や債券を買うことは不可能です。でも、少額でも多くの人がお金を出して大金としてまとまれば、日本に限らず海外のいろいろな株や債券を買うことができます。そして、金融商品を複数分散して買うことができれば、リスクが抑えられます。

多くの投資家から集めたお金は、資産運用の専門家であるファンドマネージャーが、日本だけでなく世界中の株式や債券などに分散投資して運用するもの。これが投資信託です。投資信託や外貨建保険などというと、「え〜！　難しそう。それに減っちゃうこともあるんでしょ？　損はしたくないわ」と皆さんおっしゃいます。

確かに簡単ではありませんし、減ってしまうリスクもあります。だからこそ、ここからの話はちょっと頑張って読んで下さい。

銀行で、金利0・01％で月々5万円を20年間積み立てるといくらになるでしょう。1、200万円積み立てて、1、201万

投資信託（ファンド）とは？

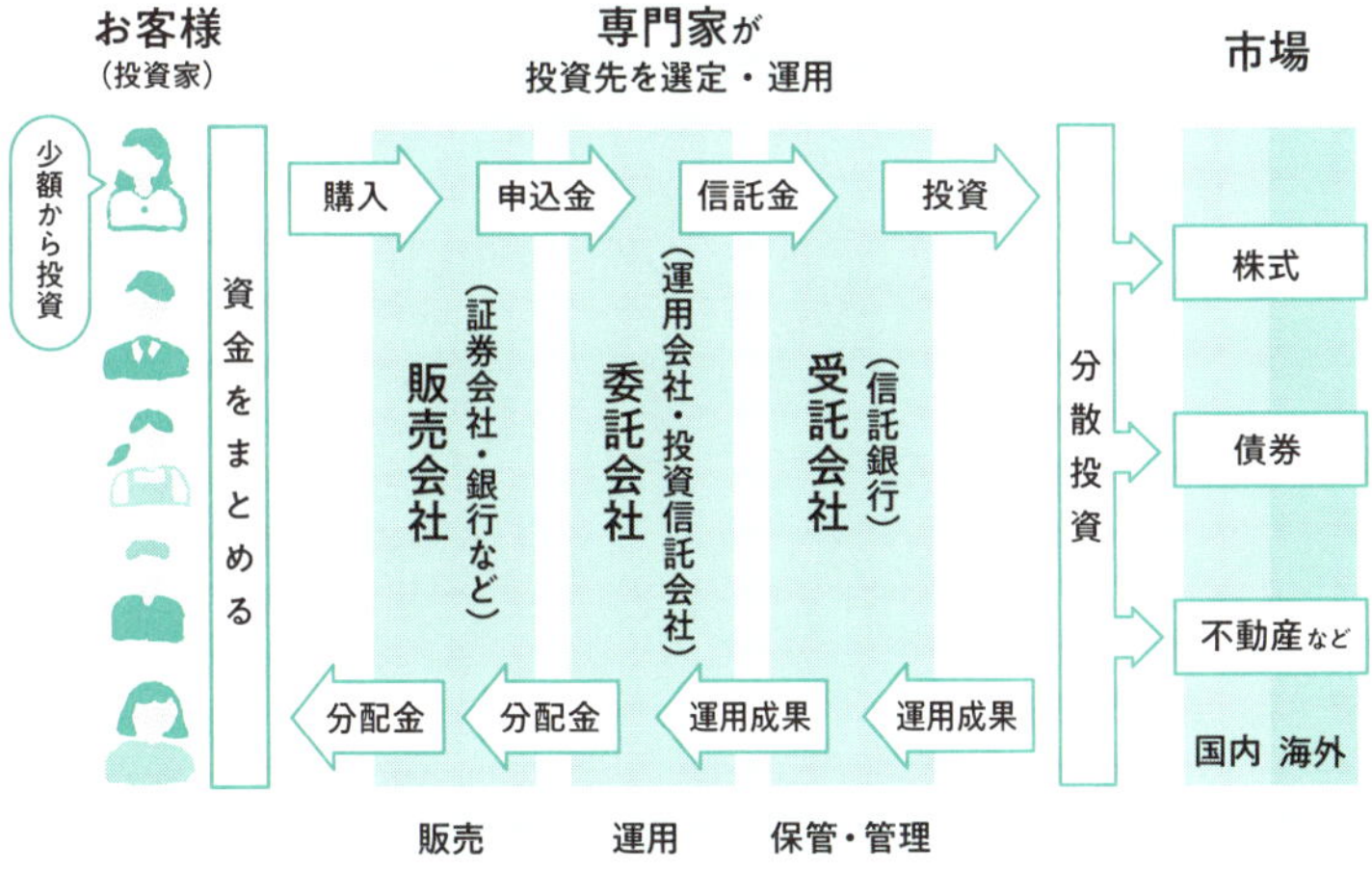

円です。1万円しか殖えません。なんてことでしょう！　預貯金ではほとんど増えないのです。だから国も「貯蓄から資産形成へ」とｉＤｅＣｏやＮＩＳＡという税金を優遇する制度を作り、投資信託での運用を後押ししています。

投資信託の大きな特徴は、次の三つ。

❶　少額で始められる
❷　手軽に分散投資ができる
❸　専門家により運用される

ただし、株式や債券などの値動きのある証券に投資し、元本を保証する金融商品ではないので、注意が必要です。また、資産の運用を専門家に委託する分、手数料がかかります。証券会社、銀行で購入することができますが、手数料が安いネット証券で購入される方も多いようです。

◆私が投資信託で損をした5つの理由

投資信託の仕組みは素晴らしいものですが、元本が保証されるものではありません。元本割れしてしまって、売るに売れず、塩漬け状態になっているという話も耳にします。やっぱり難しそうでコワイ！　という印象を持たれる方が多いのはこの点でしょう。

残念ながら、以前、私も元本割れになり、持っていることが辛くなって、損を承知で手放したことがあります。毎月、分配金が銀行口座に入るので、儲かっているのだろうとずっと思っていました。ある日、お金が必要になり、解約しようと思ったら、分配金を入れても30万円ほど損をしていることに気づき、愕然としました。なぜ、そんなことになったのでしょう？　損をしたのには、5つの理由がありました。

❶ テーマ型投資信託を購入したから

世の中で話題になっていることがら（テーマ）、に関する銘柄に的を絞って投資する。これを「テーマ型投資信託」といいます。日本では主流のタイプです。少し前ですと、クラウドやSNS、そしてシェールガス、今ですとAIでしょうか。

私は2002～3年ごろBRICs（ブラジル、ロシア、インド、中国）に投資するファンドを勧められ購入しました。テーマ型投資は、テレビや新聞でよく目にする話題が投資信託名につくことが多いです。これは売り手側として勧めやすく、買い手側の関心も引きやすいのですが、テーマが旬な時期に商品化されるので、実は価格がピークを過ぎていることが多いのです。

❷ 分配金を理解していなかった

分配金とは何か。金利や配当収入、投資資産の価格の上昇などで利益が出た場合、その額に応じて支払われるもので、次の二つがあります。

利益が出たら受け取る「普通分配金」、もう一つは利益が出ていないのに元本を取り崩して受け取る「特別分配金」です。いわゆる毎月分配型の投資信託は、投資家のニーズに応え、毎月一定額の分配金を出すことが目的の一つになっています。そのため運用が上手くいっていなくても毎月、分配金を出します。「特別」とつくと、なにかスペシャルなボーナス分配と思ってしまいそうですが、この言葉に惑わされてはいけません。お得なことでは全くなく、元本を取り崩しているのです。

私は当時アパレル会社に勤めていてまだお金の勉強をしていませんでしたので、このことを全く知らなかったのです。毎月分配金が振り込まれるので安心していました。でも実際は、利益が出ていなかったため、どんどん元本が減っていたのです。タコが自分の足を食べているようなものですね。

分配金を出さない「再投資タイプ」なら、殖えた分を再び投資して、どんどん投資信託自体を大きくして資産を殖やせたのに。私は定期的に受け取る分配金を正しく理解していなかったのです。

③ 漠然と「お金が殖えたらいいな」としか思っていなかった

あなたは、どのくらいお金を殖やしたいですか？　当時の私は目標があいまいでした。殖え始めると「もっと値が上がるんじゃないか」と思い、売らずに持ち続けて、気づくと値が下がっている。また、値が下がり始めると「いつかまた上がるんじゃないか」と思い、売らずにじっとしている……。

上がっても下がっても、いつまでたっても売るタイミングを決められず、結局は塩漬け状態に。そして、損を承知であきらめて売ると、その後、徐々に上がり始め、がっかりする。投資信託は、上がったり下がったりしますから、いつ売却するかなかなか決められませんし、いくらになるかも分からないものなのです。そして気がついたら、損をしていたというのが昔の私です。

④ 一括投資をしたから

一括投資の場合、価格が安い時に買って、高い時に売れば、確実に儲かります。しかし、この先、上がるか下がるかは誰にも分かりません。投資信託を購入する際、私は「過去の実績ではこのように上がっています。だから、将来も上がる可能性が高い」という証券マンの話を聞き、現時点での値が安いか高いか、将来性もよく分からずに、❶のテーマ型の投資信託を購入していたわけです。

一括投資ではなく、毎月定期的に分割投資する方法については、次章で詳しくお伝えします。

❺ 証券マンと上手く付き合えなかった

将来のことなんて誰にも分かりませんから、どんな優秀な証券マンだって確実に儲かる投資信託を勧めることは不可能。そして、会社員ゆえ、2〜4年単位で異動になるため、親身に相談に乗ってもらうことはなかなかできませんでした。当時の私は彼らの説明を聞いてもよく理解できませんでしたが、分からないと言うのが恥ずかしくて、結局勧められるままに購入していたのです。結果、同じような値動きをする投資信託ばかりになり、リスクの分散はされず、みんな一緒に下がってしまいました。

証券マンが悪いのではなく、私自身が勉強せず、無知で人任せにしたことが問題です。こんな5つの理由で、投資信託で30万円ほど損をしました。それ以外にもバブル期に購入した株では、思い出したくないほどの大きな損をしています。「もう二度と株なんか買うもんか！」と思って、投資信託を買ったのにそれも損しちゃったわけです。

もう投資信託も買うまいとしばらく思っていましたが、今は、投資信託をうまく利用しています。それも安心して心穏やかに資産を殖やしています。それもホッタラカシで簡単な方法です。これはもちろん、私が「お金の無知」から卒業して、お金の専門家になったからですが。

＊アラフィフはこんな問題を抱えている case 3

子ども二人の学資保険や、財形には何百万もお金をかけているが、銀行貯金はわずか30万。

〈夫52歳　妻51歳　共働き　子ども二人〉

高1と中3の年子の男の子のお母さん。少しでも貯蓄したいとご相談にいらっしゃいました。話を伺ってみると、学資保険にそれぞれ200万円。財形と持株会で約400万円。銀行口座には30万円くらいあるということです。そして持ち家で車も持っていてペットも飼っています。

心細い原因は、銀行に30万円しかないこと。でも、大切なのは総資産がいくらあるかです。貯蓄＝銀行預金と思い込んでいる方が本当に多いのですが、問題はここではありません。

ご夫婦合わせて手取り額年間約750万円。支出もほぼ750万円。決して収入が少ないわけではありません。でも、お金は何もしていないと入ってきた分だけ出ていってしまうものなのです。残そう残そうと思ってもなかなか残りません。誰もが贅沢していないと思いながら、収入と同額まで支出は膨らんでしまうのです。ここが問題なのです。

では、支出を減らすにはどうすればよいか。まず、毎月決まった金額が出ていく固定費を見直します。すでにローンは見直し済みとのことでしたので、保険内容を確認しました。すると学資保険以外で死亡保険とご夫婦の医療保険23,000円。決してこれも高額ではないですが、ご主人の死亡保険3,000万円が掛け捨てで13,000円でした。これはお子さんが生まれた時に加入したそうです。

「ご主人が亡くなった時、お金はどうなるか考えてみて下さい。本当に3,000万円ないと暮らせませんか?」

そう奥様に問いかけてみました。最初、意味が分からないときょとんとしていました。なんとなく生命保険は3,000万円、5,000万円のものに入るものだと思っていたようです。

会社からは、死亡退職金に弔慰金、遺族年金ももらえます。住宅ローンは団体信用保険に加入しているので、払わなくてよくなるし、お子さんの学資保険は保険料免除になります。生活費もご主人の分少なくなります。ご主人は今55歳なので65歳までの10年、万が一亡くなったら、月に10万円受け取れば、奥様の収入と合わせて、いまの生活レベルをなんとかキープできそうです。そう考えて保険を入り直してもらい、結果として月約9,000円安くできました。

支出を減らすコツは、やはり毎月出ていく固定費を減らすのが一番です。あとは、やはり家計簿。ハッキリ数字で家計を把握することで、節約の効果が見え、やる気も湧いてくるというものです。

こんな話をして3カ月後、その後の変化をお聞きしてみると、

「2分de家計簿は続けています。ずっと、家計簿は無理と思っていましたが、簡単につけられ、残高が合う気持ちよさが癖になりました。それか

ら、月の途中でもどのくらい使っているのか分かるので、支出をコントロールしやすくなりました」。

更に、「投資は怖いと思っていましたが、セミナーで聞いたドルコスト平均法を使えば、私にもできそうな気がしてきました。ほとんど利息が付かないので、財形は止めて、その2万円をつみたてNISAやiDeCoに回そうと思いますがどうでしょう？」と。

最初にご相談にいらした時は、何が何でも元本保証！　とおっしゃっていたのですが……。

もう一つおまけの報告がありました。最近は、時々ご主人にお弁当を作っているそうです。実際、たいして節約になりません。でも、ご主人から「忙しいのにありがとう。美味しかった」って言われたそうです。お金の不安がなくなると夫婦仲がよくなる、というケースはとても多いです。ごちそうさまでした。

Column

株と債券って、そもそもどう違うの?

投資信託には、株式や債券が組み込まれていますから、その違いを知っておきましょう。どちらも企業が資金調達をする方法の一つです。会社を運営していくためには、事務所や工場等の設備や、商品の生産、サービスを提供するための資金が必要です。会社は、それを大勢の個人やほかの会社などから提供してもらい、それを元に経営し、利益を上げます。

そんな資金調達の方法の一つが、「株式」を発行して株主を募るやり方です。その他、「社債」を発行し一般の人や会社等から借金をする方法、金融機関から借り入れる方法があります。

株式の発行はこんな仕組みです。会社は、株主から集めたお金を株主に返す必要はありません。会社は返済や利子のことを考えずに経営ができるので、借金に比べて好都合。また、株主は、配当や株主優待を受けたり、株価が上がれば売却益を得られます。もちろん、株価が下がってしまうことも。つまり、大きく増えることもありますが、いくらになるかは約束されません。

一方、金融機関からの借り入れや社債発行による資金調達は、借りたお金ですから期限がきたら全額返済しなければなりませんし、お金を借りているのですから利子も毎年支払わなければなりません。ですから、投資家にとっては、期限がくれば元金が返済されますし、利子も受け取ることができます。ただ返却の約束はされていますが、リターンは少ないです。国が発行している債券を国債、会社が発行している債券は社債といいます。

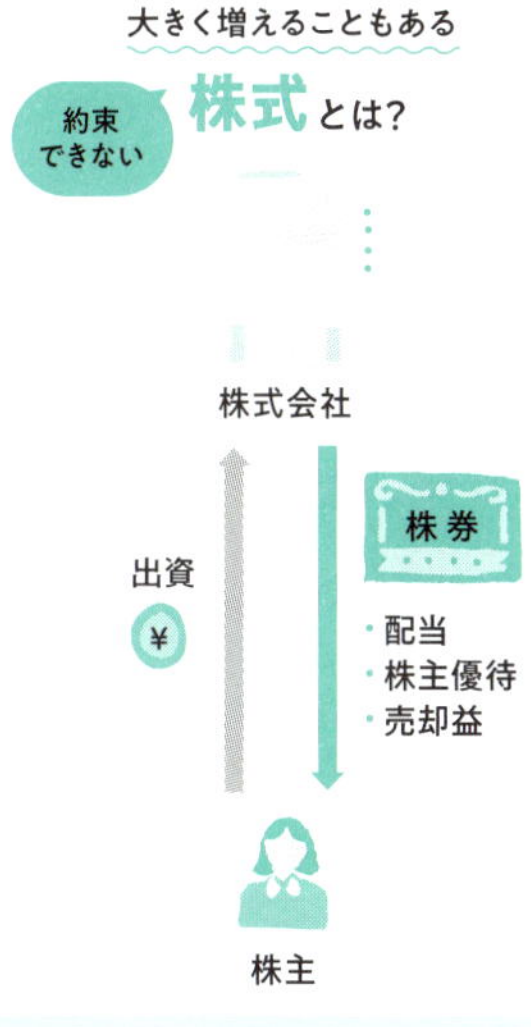

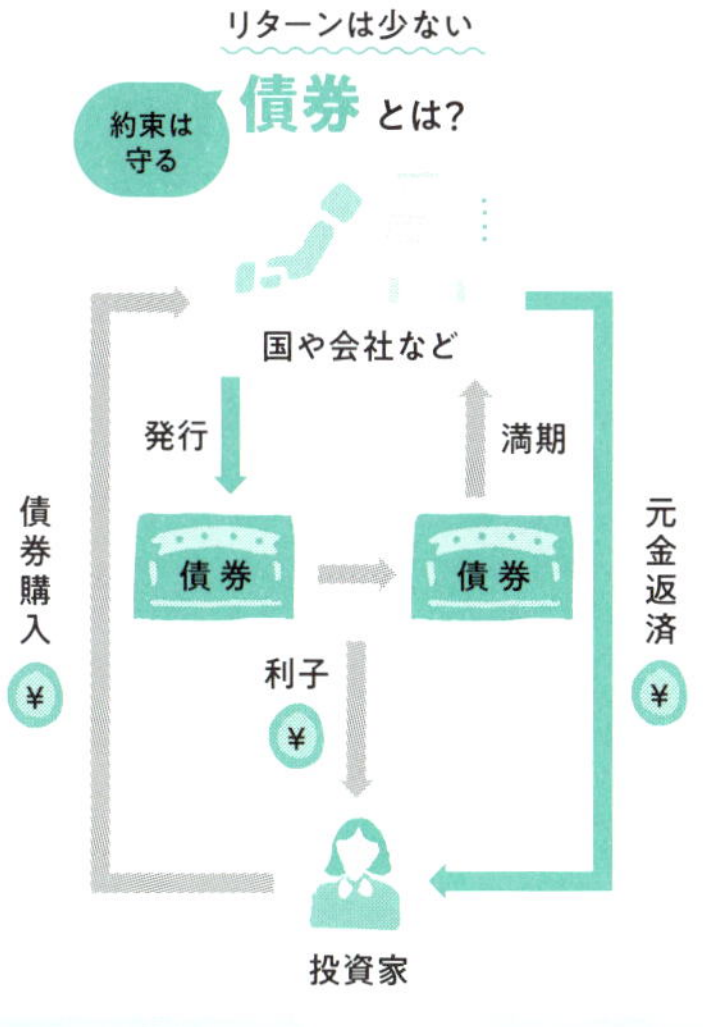

chapter 4

おさらい

5年以内、5～10年、10年～。

使う時期によって預け先を三つに分ける。

ほとんど殖えない銀行口座には１００万円まで。

それ以上預けるのはもったいない！

財産づくりは、投資信託と貯蓄性保険で。

chapter

5

ドルコスト平均法で、ホッタラカシ投資！

毎月5、000円でもコツコツ投資を始めよう！

4章の「私が投資信託で損をした5つの理由」で書いたように、私はまとまったお金を投資信託に預けてかなり損をした、いえ、失敗した経験があります。

失敗したと気づいた後も、どうすればよいのか分からず、しばらくそのままにしていました。

ですが、その証券会社からは、その後も担当者が替わるたびに別の投資信託を勧める電話が何度も掛かってくるのです。

なんだかすっかり嫌になってしまった私は、やっと口座を解約。500万円ほど投資して、最終的に30万円ほど失いました。

それから10年後、お金の専門家となった私は今、投資対象の違う6つの投資信託に分散して投資しています。

加えて、貯蓄性の保険にも5つほど加入しています。

リスクを少しでも小さくするためには、

投資先を「分散」することがまずは大事。

また将来、それを使う時のことを考えると、小分けに分散していれば、一つずつ解約でき、使い勝手がいい。


「もう二度と失敗したくない」、そんな私がお勧めするのは、「ドルコスト平均法」を使った投資法です。

結果を焦らず、上がったり下がったりに一喜一憂せず、ホッタラカシ状態でＯＫなやり方。

お金のことが苦手、よく分からない、難しい計算は嫌だ、という方にもぴったりです。

毎月5，000円からでも大丈夫なんです。

一括投資ではなく、じっくり、コツコツの積み重ねで、確実に資産を殖やすことができます。

えっ、どれくらい続ければいいのかって？

はい、これから詳しく説明していきますね。

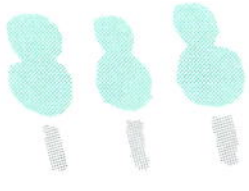

◆「値が上がっても下がっても儲かる、ホッタラカシ投資」その仕組みとは？

「投資するお金がないから、私には無理」という話をよく聞きます。でもそれは30年前のバブルの頃のハナシ。今は違います。毎月少額で少しずつ購入できるのです。5,000円とか、1万円とか、2万円ずつなら、安心ですよね。前ページでふれた「ドルコスト平均法」は、日々変動している金融商品を、定期的に一定額ずつ、長期にわたって購入していく投資方法です。これが、一番、カンタンで思った以上に資産を殖やすことができます。

価格が上がったり下がったりしても一喜一憂せず、高い時も安い時も、コツコツ定期的に一定額を積み立てていきます。毎月、銀行口座から自動的に引き落とされる仕組みを作ってしまえば、あとはホッタラカシ。この方法は一括投資と違って、安心して資産を殖やしていくことができるんです。

えっ、どうして安心なのかですか？　このドルコスト平均法について、もう少し詳しく説明していきましょう。まずは、A子さん一家の話から……。

＊「ドルコストシャンプー」の話

A子さんのお気に入りのシャンプーは「ドルコストシャンプー」。

1本1,000円です。

ドルコストシャンプーが無くなりかけていたので、ドラッグストアに行ったついでに買おうとしました。値段を見たら、なんと2,000円!!

いつも買う店の倍の値段だったので、買うのをやめました。


日常生活では、こんなことよくありませんか？ 高ければ、買わない。安ければ、多めに買ってストックする。誰もが普通にやっていることです。

私たちはモノの価格には敏感です。「価格」のことはしっかり意識して、お得に安く買おうとします。だから、株や投資信託も「価格」ばかり気になって、上がった下がったと一喜一憂。そして、なんだかよく分からなくて、気がついたら損してた……なんてことになりがちです。

どうしたら、資産を上手に殖やしていくことができるのでしょうか。実は、「価格」ではなく、あるものに注目することが重要なんです。

さて、無くなりかけていたドルコストシャンプーの話に戻しましょう。
A子さんは、ポイント5倍の日に、どうせ使うものだからと2本買い、2、000円を払いました。

1、000円×2本＝2、000円

そんなことは知らないA子さんのご主人。シャンプーが無くなりかけていたことを思い出し、買って帰ればA子さんが喜んでくれると、なんと、2、000円のお店で買ってしまいました。

2、000円×1本＝2、000円

A子さんは喜ぶどころか、「なんでこんなに高いのに買ったの？」と怒り、

「せっかく買ってきたのに文句あるのか！」と夫婦喧嘩になってしまいました。よくある話です。

翌日、A子さんが新しくオープンしたドラッグストアの前を通りかかったら、なんとオープン記念セールで半額の500円！　お一人様4個まで。すでに3本あるけれど、安さに負けて4本お買い上げ。ご主人に対するイライラもあったりして、ちょっとお金を使いたかったようです。また2,000円払いました。

500円×4本＝2,000円

会社帰りのご主人もオープンしたドラッグストアの前を通りかかって、500円のドルコストシャンプーを発見。昨日のリベンジ。安いから今度こそ喜んでもらえるだろうと4本購入。

500円×4本＝2,000円

なんと、夕べの夫婦喧嘩を見ていた優しい息子さん。ストックがあれば、しばらく喧嘩することもないだろうと、ご両親のためにやはり4本買いました。

500円×4本＝2,000円

小学生の算数の問題みたいですけど、A子さんの家には一体何本のドルコストシャンプーがあるでしょう？

1,000円×2本＝2,000円
2,000円×1本＝2,000円
500円×4本＝2,000円
500円×4本＝2,000円

500円×4本＝2,000円
合計15本 10,000円

15本もシャンプーがあります。もう笑うしかない状態ですね。この夜、A子さんのお宅でどんな会話が繰り広げられたか、それはご想像にお任せします。何にしてもこれから数年シャンプーは買わなくてすみそうですね。

ところが、数日後、テレビを見ていたら、なんとこのシャンプーは、中高年の髪がみるみるツヤツヤになり、一気に若返る、海外のセレブも使っているという特集をやっていました。テレビで取り上げられると、多くの人が買いに走り、お店の棚から商品が無くなったりしますよね。案の定、翌日にはどこも売り切れ。買っておいてよかったと、A子さんはニッコリです。

数日後、ママ友とのランチ会でも買えなかったという話題で盛り上がり、A子さんが「ウチにはたくさんあるから、分けてあげましょうか」と言ったとたん、わたしも、わたしもと。結局、1本1、000円で15本全部譲ってしまいました。

1、000円×15本＝15、000円

15、000円受け取りました。

あれ？ 15本買った合計金額は10、000円でしたよね。5、000円儲かっちゃいました！

さて、ママ友に15本全部譲ってしまったA子さん。5、000円も儲かったことはいいのですが、肝心のシャンプーのストックは……。きっと、ご主人や息子さんと大笑いになったことと思います。

実は、この5、000円利益がでたことが、「ドルコスト平均法」効果なんです。1本の価格が1、000円の時も2、000円の時も500円の時も必ず2、000円分買ってますよね。価格は変動し、高い時も安い時もありましたが、いつも一定金額の2、000円分買っています。

つまり、ドルコスト平均法は、価格が変動するものを定期的に一定金額積み立てていく方法なんです。今回は数日の短い間に買いましたが、実際にドルコスト平均法を使って、投資信託を買う時や変額保険の保険料を払う時は、毎月1回決められた日に一定金額が自動的に引き落されます。

一度、申し込みをすれば、自動的に毎月銀行口座から引き落とされ、手間をかけずに購入できますから、まさに先取貯蓄には打ってつけです！

先取貯蓄には、自動的に引き落とされ、手をつけにくいものがぴったり。そして、そのお金を無いものと思って生活すれば、着実に資産を殖やしていくことができます。何よりホッタラカシにしておけることが嬉しいですね。あとは気にせず、コツコツ続けていくだけです。

＊シャンプーではなく、コツコツ投資信託を買ったとすると

ここからは、シャンプーではなく、投資信託を購入したとして考えていきます。今回の話では、商品価格が２、０００円でも５００円でも、購入する金額は２、０００円と一定ですから、それでいくつ買うことができたかがポイントになります。５００円と安い時は４口買えます。このたくさん買うことが大切なんです。

ドルコスト平均法では、「価格」ではなく「量」が多いことが重要。量をたくさん買えば、平均単価が下がります。そして、売却時の価格がその平均単価より高くなれば、売却益を得られます。私たちは、「量より質」と上質な暮らしをよしとしますが、ドルコスト平均法では「量」が大切なポイントになります。

なかなかピンとこないと思いますので、表にしてみました。ちなみに「基準価格」とは、投資信託の値段のことです。投資信託を買う時には単位があっ

て、それを「口（くち）」と呼びます。

投資結果をご覧下さい。10、000円で15口買ったことになります。平均購入単価は10、000円÷15口＝約667円と、500円の時にたくさん買ったので、かなり低くなっています。

そして、それを1口1、000円で売るので、総額10、000円払って、15、000円で売却し、差し引き5、000円。これが売却益となるわけです。ドルコスト平均法は、値動きにかかわらず、定期的に買いますから、安い時に数多く購入することができます。

それぞれの損益を見てみると……

回数	基準価格	購入口数	購入累計額	口数累計	購入累計額 ÷ 口数累計 = 平均購入単価	基準価格 × 口数累計 = 時価総額
1回目	1,000	2	2,000	2	2,000 ÷ 2 = **1,000**	1,000 × 2 = **2,000**
2回目	2,000	1	4,000	3	4,000 ÷ 3 = **1,333**	2,000 × 3 = **6,000**
3回目	500	4	6,000	7	6,000 ÷ 7 = **857**	500 × 7 = **3,500**
4回目	500	4	8,000	11	8,000 ÷ 11 = **727**	500 × 11 = **5,500**
5回目	500	4	10,000	15	10,000 ÷ 15 = **667**	500 × 15 = **7,500**
投資結果			10,000	15	**667**	**7,500**

売却結果	**1,000**	**15**	**15,000**

売却益	**5,000**

「たくさん買うこと」が大切だと分かると、基準価格が下がってもたくさん口数を買いますので、投資に対する不安も解消され、安心感につながります。上がったり、下がったりで一喜一憂することもなく、安心してのんびりと投資をすることができるわけです。まさに「ホッタラカシ投資」。

しかし、私たちは長年「価格」に注目してきました。どうしても価格に目がいってしまいます。とくに、価格以外に判断基準がない場合、その数字の大小で「高い」「安い」と考えてしまいます。普段の生活でも価格だけ見てつい「高い！」と思ってしまうことありますよね。ドルコスト平均法が

回数	購入累計額	時価総額	損益
1回目	2,000	**2,000**	**0**
2回目	4,000	**6,000**	**2,000**
3回目	6,000	**3,500**	**-2,500**
4回目	8,000	**5,500**	**-2,500**
5回目	10,000	**7,500**	**-2,500**
売却	10,000	**15,000**	**5,000**

量を買うことが大切だということを知らずに、ドルコスト平均法で購入してしまうとどうなるかを考えてみましょう。

ドルコスト平均法を知らなければ、常に価格が気になります。儲かっているのか損をしているのか、右ページ図表の「損益」ばかり見てしまうことになります。このケースでも1、2回目は問題ありませんが、3回目〜5回目は支払った金額より時価総額は、マイナス2､500円になっています。自分の資産がマイナスになってしまっているわけです。心穏やかではありませんよね。「やっぱり損しちゃった。投資ってコワイ！」と思ってしまうわけです。しかし、ドルコスト平均法を知っていれば、この時価総額がマイナスになっている時は、基準価格が下がっている絶好のチャンスだと分かります。口数が増えています！　実はニンマリなんです。

ただし、どんなものでもパーフェクトではありません。ドルコスト平均法もしかりです。もし、この投資信託をこの先も購入し続けたとして、基準価格が500円から上がることがなかったとしたら……。今回は1、000円に上がったので売却益が出ましたが、500円のままだったらマイナスのままです。ドルコスト平均法は、売却時の価格が平均購入単価より少しでも上がっていればいいのです。買っている間は価格が低く、売る時に高くなっていればOK。

リーマンショックを思い出して下さい。あの価格暴落時にも毎月毎月コツコツ買い続けていれば、その後、値が上がりプラスになるわけです。そのためには、10年後、20年後、長期的に成長するものに投資することです。

日本以外に、アメリカ、ヨーロッパ、アジアやオセアニアなど成長している国にバランスよく分散して、投資していくことが重要です。「え〜っ！海外？」と思いましたか？私たちは毎日iPhoneを使い、Googleで検索して、スターバックスでコーヒーを飲み、スーパーでもオージービーフやフィリピン産のパイナップルをVISAカードで支払っています。身の回りがどんどんボーダーレスになっていませんか？　資産形成も世界で成長している市場に目を向ける時代なのです。

＊ 50歳からは、ドルコスト平均法をこう使う！

ドルコスト平均法は、定期的にコツコツ運用していきます。まさに資産形成の王道。しかし、5,000円、10,000円の積み立てでは、時間が足りないと50代以降の方はおっしゃいます。確かに30代や40代の方と比べれば、時間が足りません。でも、60歳、65歳までに何が何でも貯めなければならないということではないのです。

自分の寿命を90歳と考えると、リタイア後、60歳からさらに30年もあります。60歳あるいは65歳頃までに、貯めたお金をどんどん使っていくだけではなく、使いながらも殖やしていくことはできるのです。

「使いながら殖やす？？？」と思われましたか？　投資して資産を殖やし

ながら、一方で年金の不足を補って使っていくということです。私たちの寿命が延びたようにお金の寿命を延ばしていくのです。さて、どうやって延ばすのか？ ドルコスト平均法という投資方法を使って、投資信託で資産を殖やす、という方法をお伝えしていきます。

そのおススメのやり方は次の3つです。

❶ iDeCo（個人型確定拠出年金）
❷ つみたてNISA、一般NISA
❸ 変額保険

これらの言葉を聞いたことはありますか？ よく分かってないけど始めている、という方もいるかもしれませんね。それぞれ見ていきましょう。

❶ iDeCo（個人型確定拠出年金）

自分で金融機関、運用商品を選び、毎月決まった金額を積み立てて、将来の年金にする「iDeCo（イデコ）」。individual-type Defined Contribution pension plan の略です。「i」には「私」という意味が込められており、「自分で運用する年金」ということを表しているそうです。こんな特徴があります。

1　60歳未満の年金を払っているすべての方が対象で、掛金は月5、000円から。限度額は次の表を見て下さい。DCとは確定拠出年金のこと、

iDeCoの拠出限度額

iDeCo公式サイトより
https://www.ideco-koushiki.jp/guide/

区分		拠出限度額
自営業者（第1号被保険者）		月額**6.8**万円（年額81.6万円）国民年金基金または国民年金付加保険料との合算金額
会社員・公務員等（第2号被保険者）	会社に企業年金がない会社員	月額**2.3**万円（年額27.6万円）
	企業型DCに加入している会社員	月額**2.0**万円（年額24.0万円）
	DBと企業型DCに加入している会社員	月額**1.2**万円（年額14.4万円）
	DBのみに加入している会社員	月額**1.2**万円（年額14.4万円）
	公務員等	月額**1.2**万円（年額14.4万円）
専業主婦（夫）（第3号被保険者）		月額**2.3**万円（年額27.6万円）

DBは確定給付企業年金、厚生年金基金の略語です。

2

所得税・住民税の節税ができます。
ご自分で所得税・住民税を払っていない専業主婦の方などには、そもそも節税のメリットはありませんので、ご注意下さい。

3

運用益は非課税になります。
現在、預貯金の利子でも税金はなんと20・315%（所得税15%、住民税5%、復興特別所得税0・315%）もかかっています。iDeCoで利益が出た場合は、その全額が非課税となります。

4

受け取る時にも節税効果があります。
受取方法は二つあり、一時金として受け取る場合は退職所得控除、年金として受け取る場合は公的年金控除を利用することができます。

5　残念ながら、手数料はかかります。金融機関によって口座管理料が異なりますので、口座管理料が金融機関を選ぶポイントの一つになります。

6　転職・離職をした場合でも続けられます。

7　途中で休止・再開は自由にできます。その間の掛け金は殖えませんので、節税のメリットは受けられません。しかし、何もしていなくても口座管理手数料はかかりますのでご注意下さい。

8　自分の裁量で運用ができます。「預金」や「投資信託」「保険」など

iDeCoの手数料

	新規加入時	運用期間中			給付時
		収納手数料	事務委託手数料	口座管理料	
支払先	国民年金基金連合会	国民年金基金連合会	事務委託先金融機関（信託銀行）	運営管理機関（金融機関等）	事務委託先金融機関（信託銀行）
金額	2,777円	月額 103円	月額 64円程度	月額 無料～450円程度	給付の都度 432円

全て税込み金額（8%）

月額　約167～617円
年額　約2,004円～7,404円

の商品から何を選ぶか、またどの金融機関で行うか等、自分で選んで運用できます。

9

60歳以降でないと受け取ることができません。

iDeCoで積み立てたお金は、加入期間が10年以上あれば60歳から引き出せます。しかし、加入期間の短い方は、下の表のように最長で65歳まで引き出せません。そして、60歳以降は掛金を払わないで、引き出し可能年齢まで、それまでに積み立てたお金を運用するだけです。

もちろん、この間の運用益は非課税で

iDeCo加入期間 & 引き出し可能年齢

加入期間	引き出し可能年齢
10年以上	60歳～
8年以上	61歳～
6年以上	62歳～
4年以上	63歳～
2年以上	64歳～
1カ月以上	65歳～

すが、口座管理手数料がかかりますので、この金額が運用益を上回ると資産が目減りすることになります。加入期間が短いと積み立てた金額も少ないので、この手数料を上回る運用益を得ることは難しいかもしれません。

＊

60歳まであと数年しかない50代のあなたは、iDeCoに加入した方がいいのか？

実は、iDeCoは今のところ60歳までしか掛けられないのです。そこで、こんな質問をよくいただきます。「50代でも始めた方がいいでしょうか？」。確かにあと数年しかありません。そんな私たちにiDeCoは有効なのでしょうか。

もし、あなたが所得税を払っているのなら、全額所得控除という大きなメリットがありますので、iDeCoをやるか否かは、検討の余地があります。

しかし、専業主婦や扶養範囲内で働いている方の場合は、そもそも所得税を払っていないので、節税のメリットはありません。また、加入期間が短ければ、引き出し可能年齢が延び、その間も口座管理手数料がかかります。それが運用益を上回ればよいのですが、そうなるとは限りませんので、手数料を調べた上で、加入するかどうかを決めて下さい。

② つみたてＮＩＳＡ（積立型の少額投資非課税制度）または一般ＮＩＳＡ（少額投資非課税制度）

次にご紹介するのは、つみたてＮＩＳＡです。こちらは、２０１８年１月から始まりました。これまでの一般ＮＩＳＡ同様、投資による値上がり益や配当金・分配金にかかる税金が非課税となる、積み立てに特化した制度です。対象の金融商品は、「長期」「積み立て」「分散」をキーワードに安定的な資産形成ができるよう、金融庁による一定要件（低コスト、長期安定運用など）の基準をすべて満たした投資信託やＥＴＦ（上場投資信託）のみです。比較的リスクの低い商品に絞りこまれており、本数も限定されているので、初心者にも始めやすいものです。

さて、つみたてＮＩＳＡの特徴を見ていきましょう。

1　売却益などにかかる税金が非課税
通常は、20・315％（所得税15％、住民税5％、復興特別所得税0・315％）がかかります。

2　非課税で投資できる金額が、年40万円×20年間で800万円！
従来のＮＩＳＡ（年120万円×5年間＝600万円）や、未成年者向け「ジュニアＮＩＳＡ」（年80万円×5年間＝400万円）と比べると、非課税枠の総額が最も大きくなっています。月々約33、000円積み立てていくことができます。

3　つみたてＮＩＳＡ対象商品数は142本に限定。（2018年10月現在）

従来のＮＩＳＡと比べて、購入できる商品が限られており、２０１８年10月時点では、購入時手数料無料で、長期投資に適しているなど、金融庁による一定要件を満たしたものが対象となっています。

4

いつでも引き出せる

ｉＤｅＣｏは60歳まで引き出しができません（10年以上の積立期間が必要）。流動性を考えた場合には、つみたてＮＩＳＡのほうが使いやすいでしょう。

5

非課税枠の再利用・繰越はできない

１年の途中で投資した商品を売却して

「一般NISA」と「つみたてNISA」の違い

	一般NISA	つみたてNISA
対象年齢	20歳以上	
運用方法	通常買付・積立方式	積立方式
年間投資上限額	120万円	40万円
非課税期間	5年	20年
対象商品	国内株式・海外株式・投資信託	国が定めた基準を満たした投資信託・ETF
非課税対象	対象商品にかかる配当金・分配金・売却益など	
口座開設期間	2023年開始分まで	2037年開始分まで
金融機関変更	各年ごとに変更可能	

も、その分の非課税枠は再利用できない仕組みになっています。また、未使用の枠を翌年に繰り越すことはできません。

つみたてＮＩＳＡには年齢制限もありませんし、20年間と長期に運用することができます。リタイア後の、「使いながら貯めていく生活」にぜひ利用してもらいたいものです。

年間40万円を20年間投資する、と考えます。それは月にすると約３・３万円をコツコツ積み立てていくことになり、原資がそれだけで最高８００万となります。いつでも引き出せますので何か急にお金が必要となった時は安心。ただついつい引き出したりしていると、実際にはなかなか大きく殖やせないのでご注意下さいね。より大きく殖やしたい方、年間40万円以上投資したい方には、つみたてＮＩＳＡではなく　商品の制限がない一般ＮＩＳＡをお勧めします。50代で定年までラストスパートで殖やしたい方も、一般ＮＩＳＡで年間１２０万円まで積極的に運用していきましょう。

③ 変額保険

変額保険は運用によって将来受け取れる金額が変わってくる保険です。保険料の一部が「特別勘定」※とよばれる投資信託によって、株や債券などで運用され、その運用実績によって保険金や解約返戻金《へんれいきん》の金額が増減します。なお、運用がうまくいかなくても死亡保険金は下がりません。そこが大きなポイントです。

保険会社によって、「世界株式型」「日本株式型」「世界債券型」「バランス型」など8〜10本程度の複数の「特別勘定」が用意されており、契約者が保険料をどの「特別勘定」で運用するか自由に選ぶことができます。一つではなく、いろんな型から選択することも可能です。そして、解約返戻金が増えて払い込んだ保険料の総額を上回れば、満期前に解約して老後資金、教育資金などに活用することができます。

変額保険では、運用期間中に万が一死亡した場合でも基本保険金額が死亡保険金として最低保証されています。また、払い込んだ保険料の運用結果が好調の場合には、その分死亡保険金が増える仕組みになっています。変額保険というのは、保障だけを主な目的とする一般的な保険とは違い、保障を備えつつ、資産運用も行う二つの役割を持ったハイブリッドな保険だといえます。

※「特別勘定」とは、変額保険や変額年金など、運用実績に応じて給付が変動するタイプの保険商品の資産を管理・運用する勘定のことです。他の保険種類の資産とは区別して管理・運用が行われます。特別勘定では、投資信託などの金融商品で資産が運用されており、その運用結果は直接、契約者に還元されます。

ざっと説明してきましたが、お分かりいただけたでしょうか？　なかなか難しいところもあったと思います。でも、いろいろ選択して運用していけばどんどん分かってきます。選ぶって、難しいですよね。はい、だからここは、プロに手伝ってもらいましょう。

まずはよく行く金融機関の窓口で聞いてみましょう。無料で相談にのってもらえます。自分の担当者を作って手伝ってもらえばいい、と思います。担当者を作るのが面倒であれば、窓口で応対してくれた人に、分からないことをとことん質問して下さい。分からないものは分からないって言いましょう、聞きましょう。恥ずかしいことでもなんでもないんです。向こうも仕事。ちゃんと対応してくれるはずです。

そしてその人の説明に納得できないのであれば、別の金融機関に行って相談して下さい。そのくらい真剣になって下さい。分かったふりをして損をするのは自分です。くれぐれも昔の私のようにならないで下さいね。

ドルコスト平均法が使える金融商品として、投資信託をiDeCoや、つみたてNISA、一般NISAで購入していく方法。そして、投資信託を使って自分が払っている保険料を運用していく変額保険についてご案内しました。

それぞれにメリット、デメリットがあります。

できれば、iDeCo、NISA、変額保険。できれば、これら三つに分散して、リスクを抑え、メリットを享受して下さい。ちなみに私は少しずつ全部やっています。iDeCoやNISAの一番の問題は、最初の手続きが煩雑で分かりにくいことです。そしてどの投資信託を選べばよいか分かりにくいことでしょうか。そのため、iDeCoに申し込んで届いた封筒を開封したものの、申込書類の記入を面倒に感じ、机の上に置きっぱなしという話をよく聞きます。とにかく、始めることが大切です。自分の資産は自分で守るのです。面倒くさいなんて言っている場合じゃありません！

＊ ドルコスト平均法の番外編

外貨建て個人年金保険
これは毎月一定の保険料を円で払い、投資信託ではなく、アメリカやオーストラリアの債券で運用、ドルコスト平均法効果で、将来受け取る個人年金を殖やす保険です。個人年金保険料控除を使えることも大きなメリットです。一般的に保険は20年、30年と加入しなければならないことがデメリットだと言われることがありますが、長い年月をかけるからこそ資産をコツコツと殖やすことができるのです。また10年経過後一定の条件を満たせば、保険料の支払いを停止したり、再開したりもできます。そして、職業告知だけで加入できるので、一般的な生命保険に加入できない方も申し込めます。デメリットは、貯蓄に重点を置いている分、死亡保険金が少ないことです。また為替の影響も受けます。この外貨建ての個人年金保険や変額保険は、貯蓄性がありますので、学資保険として活用することもできます。

◆イチオシ「貯蓄性保険」が一番手軽な貯蓄方法

これまで投資信託が必要、おすすめ、との話をしてきましたが、それでもやはり不安な方もいらっしゃると思います。そんな方におすすめなのが貯蓄性保険。これが実は一番簡単かもしれません。

先取貯蓄ができる。そして、中途解約すると元本割れしてしまうので、手をつけにくい。さらに、保険としての保障がある。「保険で貯蓄ができるの？」と思われたかもしれません。貯蓄性の保険というのは、満期で受け取れる満期保険金、解約して受け取る解約返戻金のある保険のこと。178Pで説明したドルコスト平均法が使える変額保険や外貨建ての個人年金保険の他、養老保険や終身保険や学資保険がこれにあたります。ただし、今では円建ての保険は貯蓄性の魅力は乏しくなり、外貨建て保険が中

ドルコスト平均法で殖やす! つみたてNISA・iDeCo・変額保険・個人年金保険の特徴

		iDeCo	つみたてNISA	変額保険	個人年金保険の特徴
年間限度額		上限14.4万円~81.6万円 (職業によって異なる)	40万円	制限なし (ただし商品による)	制限なし (ただし商品による)
税メリット	掛金	○ 全額所得控除	× 控除なし	○ 生命保険料控除	○ 生命保険料控除
	運用	○ 運用益非課税	△ 非課税(20年以内)	○ 非課税	○ 非課税
	受取	○ 一時金:退職所得控除 年金:公的年金等控除	△ (20年以内は非課税)	○ 一時金:一時所得控除 年金:雑所得	○ 一時金:一時所得控除 年金:雑所得
期間		20歳から60歳まで	20年間 (売却部分の枠は再利用不可)	最長80歳 (取扱規定の範囲内)	最長80歳 (取扱規定の範囲内)
換金性	強制力	◎	△	○	○
	中途解約	原則不可 (60歳まで)	可 (非課税枠の再利用不可)	可 (10年間は解約控除あり)	可 (10年間は解約控除あり)
	死亡時	× 時価総額	× 時価総額	○ 死亡保険金	○ 死亡保険金
コスト	手数料等	• 加入・移管時 • 運用中 • 給付・還付時	• 信託報酬 • 信託財産留保額	• 保険関係費 • 運用関係費 • 解約控除	• 保険関係費 • 運用関係費 • 解約控除
対象商品		投資信託,定期預金,保険	投資信託,ETF (国が定めた基準を満たしたもの)	特別勘定内の 投資信託など	外貨(商品による)

心です。

私は次のような経験をして、今では貯蓄性の保険が一番簡単な貯蓄方法だという考えに至りました。

私が30歳くらいの頃は、バブル絶頂期でした。株を買い、個人年金保険にも加入。株を買ったお金、保険に預け入れたお金、それぞれどうなったでしょうか。バブル崩壊で、株価は下落。これは失敗談のところでもお伝えしましたよね。今でも、ほとんどの株価は当時の水準には戻っていません。

一方、保険はどうなったかというと、30年前の契約時の約束通り、解約返戻金は増えていますし、60歳で満期を迎えれば、それ以降、個人年金として約束された金額を受け取れます。バブルが崩壊したにもかかわらず、です。

当時、一時払い養老保険という保険が人気でした。100万円、200万円と、まとまった保険料を一括で払い、養老保険に加入するのです。そして、満期を迎えれば、1・5倍、2倍と大きく殖えました。私は、この一時払い養老保険でマンション購入資金のベースを作りました。今では、そこまで殖える保険はなかなかありませんが、それでも銀行預金より殖やすことができるものはまだまだあります。

でも、もし保険会社が倒産したらどうなるのでしょうか。保険の場合は、契約が生命保険契約者保護機構に移行し守られるのですが、その補償の対象は原則『責任準備金の90％まで』とされています。責任準備金とは、各保険会社が将来の保険金や満期金などの支払いに備えて、保険加入者の保険料から積み立てて運用している資金のことをいいます。とはいえ、自分の預け入れている保険会社が経営破綻したら、結局は不利益を被るわけですから、万が一に備えて、保険会社だって分散したほうがいいのです。

ひとつの保険、1社の保険に集中させることはありません。保険会社もいろいろあって、得意分野が異なります。医療保険はこの会社、外貨建ての死亡保険はここが割安で入れるとか、変額保険はこの会社が得意、などいろいろあるので、それぞれにふさわしい会社を、偏らずに賢く選びながら、リスク分散することが大切なのです。

保険というと、掛け捨てでいいという方もいます。保険は保障だけでいいから、掛け捨てで一番安いものでOKと。投資が得意な方なら、資産を殖やすことを他でできるので保険は保障だけでもいいですが、毎日、仕事が忙しく、株や投資信託のチェックをしているヒマがない方がほとんどです。たとえ時間があったとしても、売却するタイミングを計るのも大変です。結局、よく分からないし、面倒だと銀行預金に資産を置きっぱなしにしているのではないでしょうか？　銀行預金は、ほとんど殖えませんし、手をつけやすい。だから、結局、貯まらない。

貯蓄や投資が苦手な方が保険に入るなら、まず貯蓄性のものです。掛け捨ての保険より保険料が高くなる分、保障に加え実質、先取貯蓄ができるんですから。それを考えると、掛け捨ての方がもったいないといえるかもしれません。

貯蓄性保険のメリットを理解し、加入している方の多くは、のちに、投資信託や株などにも興味を持ち、さらなる資産形成に向かいます。何事もそうですが、バランスが大切。掛け捨ての保険も貯蓄性の保険も、投資信託もどんな金融商品にもそれぞれメリット・デメリットがあります。

だから、「分散」していいとこ取りをしましょう。いろいろな金融商品に分散し、リスクを押さえて資産を殖やして行きましょう。そんな穏やかな貯蓄方法は、心が落ち着き、きっとあなたの外見面の余裕ある美しさにもつながります。

投資信託や株には、いくらになるという「答え」がないけれど、ほとんどの保険は何年後にいくらになるか、契約時に分かっています。これは大きな安心感につながります。「安心」は心の美容液ではないでしょうか。

さて、資産を殖やす方法、あなたはどれを選びますか？

＊アラフィフはこんな問題を抱えている　case 4

妻「老後のお金のことを考えなきゃいけないことは分かっているんです。でも、お金の話をすると夫は不機嫌に」。

〈夫53歳　妻50歳　扶養の範囲内でパート勤務〉

「子どもが社会人になったので、そろそろ老後のお金のことを考えなきゃと思うんですが、お金の話をすると夫が不機嫌になるんです」。こう話し出した奥様。ほとんど夫婦間の会話もなく、毎月受けとる15万円の生活費以外は、家のお金がどうなっているかさっぱり分からないそうです。アラフィフともなると、残念なことにこんなご夫婦が多くなってきます。さて、どうしましょう……

まずは、自分の管理できる範囲のお金を整えること。15万円の家計費とパートの収入だけの家計簿をつけてもらうようにしました。ご主人ともお会いしてみないことには何の解決にもなりませんので、「大喧嘩になっても泣き落としでもなんでもいいですから、ご主人を連れて来て下さい」とお伝えしました。

さて、いよいよご主人の登場です。

ニコリともせず、疑い深い目で私をご覧になっています。まずは奥様に家計簿をつけていただくよう提案したことをお話しました。家計簿は現状把握するものですから、長年、会社勤めをしているご主人はその必要性をすぐに理解し、うなずいていただけてホッとしました。

ここはポイントです。相手に変わって欲しければ、まず自分が変わることです。自分を棚に上げたままでは、どんなことも上手くいきません。奥様が家計簿をつけて、「すでに行動に移していること」を伝えられたのは大きかったですね。

ご主人には、一般的な年金の話から始めました。iDeCoやNISA

の話になった時、「実は、会社の確定拠出年金も、どの投資信託を選んだらいいかよく分からない」とつぶやかれました。実は、ほとんどの方がよく分からず、なんとなく選び、このままでいいのかと思っていますよと、投資信託の仕組みとドルコスト平均法の話をしたところ、「初めて聞きました！　運用している間にマイナスになったらダメだと思っていましたが、価格が下がっている時はたくさん買うチャンスなんですね」と前のめりで話し出しました。男性の方が数字に抵抗感がなく、ドルコスト平均法の話にも興味を持たれることが多いんです。

ここから、少しずつ質問をしてくださるように。「今までは、元本を保証されるから、銀行預金でいいと思っていたけど、それではだめですね。あと、昔、勧められて入った保険も気になっているんです」。

ご夫婦によっては、相手（夫や妻）の言うことが正論だと分かっていても素直に聞けなかったり、口調がきつくなってしまうこともあります。

そんな時は、ファイナンシャルプランナーのような第三者を入れると、スムーズに話し合いができることが少なくないんです。

2回目の相談の時は、分からないところは、分からないとはっきり言って下さいました。「保険は難しいと思っていましたが、けっこう面白いですね。お金は数字だから、はっきりさせると、問題が見えてくるし、解決策も考えられるという話に、家計も仕事と同じなんだと思いました」。

残念ながら、アラフィフ男性は、自分が分からないと逆切れして仏頂面です。でも、資産形成の方法が分かり、ひとつ一つ、不安が解消し、明るい将来が見えてくると、表情がみるみる晴れやかになっていきます。アドバイスする身としては、嬉しい瞬間です！

Column

まとまったお金はどうしたらいいの？

「銀行に預けっぱなしにしてある５００万円をどうする？」実は、この相談とても多いのです。

コツコツ積み立てるドルコスト平均法もいいけれど、まとまったお金もなんとかしたい。銀行口座に預けていいのは、多くて１００万円と前述しました。

今、５００万円を銀行の定期預金にしていても、ほとんど殖えません。そんなあなたが、今、銀行の窓口で「何か安全に殖やすいい方法はないですか？」「できれば10％くらいは殖やしたい」と相談したら、何を提案されると思いますか？

恐らく、投資信託と外貨建ての貯蓄性保険です。このうち、投資信託は、必ず増えるわけではありません。リターンがあるかもしれないけど、リスクもある。これまで大事に預けてきた５００万円をいきなり全額投資信託にする、というのは、結構なギャンブルです。そもそも銀行に預けているということは、絶対に減らしたくない、元本割れは嫌だ、という考えでしょう。

では、保険ではどうでしょうか。貯蓄性の保険は、毎月保険料を払っていくものだけでなく、一括で払うタイプもあります。最近、注目されている一時払いの保険は外貨建てで運用し目標設定するもので、こんな仕組みになっています。

保険会社が設定した目標値（会社によって違いますが、105%、110%、150%、200%など）の中から自分で目標を選び、それを達成したら運用成果を得られるものです。

例えば、500万円支払い120%に目標設定したとすると、目標額の600万円に到達した時点で、自動的に終身保険に移行。運用成果600万円を自分のもの（確保）とします。そして、受け取りたい時に払い戻しができます。

保険会社によって、少しずつ仕組みは違いますが、積極運用の「変額部分」と最低保証のある「定額部分」の二つを組合せて運用しており、目標額に到達しないまま運用期間が満了した場合、定額部分の積み立て金額は、外貨建てで一時払保険料の100%または110%を最低保証しています。

外貨建てでの保障で為替の影響は受けますが、投資信託では元本保証をされませんから、この点で安心です。価格が上がったり、下がったりで一喜一憂することが苦手な方には、この保険はお勧めです。もちろん、途中解約の場合は、元本割れのリスクはありますのでご注意下さい。

chapter 5

おさらい

1

「使いながら殖やす生活」へ

2

iDeCo、NISA、変額保険をドルコスト平均法で！

3

貯蓄性の保険が一番安心でカンタンな貯蓄法

保険は投資信託や株と違い、何年後にはいくらになるという答えが出ている

chapter

6

自分の資産を知る

◆いま、いくらあるのか？「資産一覧表」を作ると、さらに殖やしたくなる

あなたは、今、いくら持っていますか？　若い頃なら、銀行預金だけだったのですぐに答えられたでしょう。今では、複数の銀行口座を持ち、証券会社では株や投資信託の運用をし、貯蓄性の保険にも加入。自宅だけでなく、投資用のマンションもお持ちかもしれません。住宅ローンなどの負債はどうでしょう。

ところで、「資産の一覧表」を作ったことがありますか？　資産一覧表というのは、今、いくらあるのか、自分のお金を棚卸した表です。今、全部売却して現金にするといくらになるか。自宅も査定してもらって下さい。保険の解約返戻金も問い合わせてみましょう。あとどのくらいローンは残っていますか？　ちょっと手間はかかりますが、ぜひ、資産一覧表を一度作ってみて下さい。資産のバランスシートです。

資産一覧表

資産

銀行	銀行名	支店名	種類・名義	残高 ※1
	A銀行 B銀行 C銀行	○○支店 □□支店 △△支店	普通　妻 普通　妻 定期　夫	20万円 30万円 200万円
保険	会社名	種類	保険金・給付金	解約返戻金 ※2
	A生命 B生命	終身死亡保険 個人年金保険	500万円 40万円×10年	夫　300万円 妻　200万円
証券会社	会社名	種類	商品名	時価
	A証券 B証券	投資信託 株式	○○○○ファンド □□株式会社	250万円 120万円
不動産				売却見込み額
			自宅マンション	3,500万円
A　資産 合計				4,620万円

負債

ローン				残高
	住宅ローン クレジットカード			1,200万円 10万円
B　負債 合計				1,210万円
C　純資産 合計		A 資産合計 ― B 負債合計		3,410万円

※1　「みらいのお金シミュレーション」には、この金額を入力する
※2　保険一覧表で解約返戻金のあるものだけ入力

197Pは、どんな内容を書けばいいのかを表したものです。

共働き夫婦二人家庭を想定しました。証券会社の明細から評価額を、保険は解約返戻金を、不動産は売却見込額を調べて入れます。普通預金の残高は、結構動きがあるものですからだいたいで大丈夫。これを1回きちんと作ってみると、我が家にはおおよそこのくらいのお金がある、そしてこのくらいのローンが残っている、ということがはっきり見えてきます。

そして、もやもやしていたお金のことがすっきりします。たったA4サイズ1枚の表ですが、意外に手間がかかります。完成すると達成感があり、いままで頑張ってきた自分が見えてきます。すると、「もっと貯めよう!」そんな気持ちが湧いてきます。

自分でもよく分からないものは、ご家族はもっと分かりません。先日、結婚5年目のご夫婦とお会いした時のこと。ご主人が几帳面な方で、資産や保険の内容をパソコンで一覧にまとめて管理していました。ですから、今後の資産形成の相談はスムーズにでき、「これ僕だけが分かっているだけではまずいですよね？　妻も理解していなければ、何かあった時に困るのは彼女ですから」なんてこともおっしゃいました。その時の奥様の幸せそうな顔。とっても印象に残っています。ああ、私もそんな男性と結婚すればよかったな。ブツブツ。でもね、そこは嘆いても仕方がありません。パートナーがやってくれないなら自分でやりましょう。もしくは、一緒に作ってみましょう。そして、パートナーがいないなら、なおさら作りましょう。

「資産の一覧表」を作ることは、家族への愛でもあるのです。漠然と不安に思っていた老後のことも、現状を把握することでこれからどうしたらいいかを考えやすくなります。今を知ることで、これからの計画も立てやすくなります。ますます、貯蓄へのモチベーションがアップします。ぜひ、作って下さいね。

◆「保険一覧表」があると安心。場合によってはプロに相談を

資産一覧表を作ったら、同時に保険の一覧表も作りましょう。たいていの方は、複数の保険に加入していますが、どこの会社のどういう保険に、月々いくら払っているのか。どんな保障がされているのかを意外にご存知ありません。この機会に保険の内容も分かりやすく表にしておきましょう。この保険一覧表も、毎年書くわけではなく、一度作ればあとは内容が変わった時に修正するだけです。

保険を整理することで、今まで分かりにくくて、これでいいのかとモヤモヤしていた気持ちが、まずはすっきりします。そしてこれがあると、例えば自分が倒れた時に、家族がどこに何を請求すればいいかすぐに分かり、家族は助かります。

ところで、保険関係の書類はどんな状態になっていますか？　保険会社からの郵便物を残しておくべきか、捨てていいのか分からず、多くのご家庭で引き出しや紙袋に突っ込んだままになっています。

はい、はっきり言って、どこのお家もひどいです。この際、これも整理整頓しましょう。とはいえ、保険の内容は専門家でないとなかなか分かりにくいものです。そしてどういった保証があるのか、細かいところまで覚えていられないですよね。

多くの方は「入院したら、1日5、000円か1万円は出るはず」ぐらいの記憶です。そして、「そのお金は入院何日目から出ますか？」とお尋ねして、すっと答えられる方はなかなかいません。

ですから、この表自体をファイナンシャルプランナーなど専門家と一緒に作ってみるのも一案です。また、自分で作った表に間違いがないか、プロに見てもらいましょう。まずは、あなたの保険担当者に確認してもらいましょう。無料で見てくれますし、相談にものってくれることでしょう。ご自分の

3	4	5	6
C生命	D生命	E生命	F生命
がん保険	個人年金保険	医療保険	がん保険
終身	65歳	終身	終身
終身	10年	終身	終身
夫	妻	妻	妻
夫	妻	妻	妻
夫	夫・妻	妻	妻
なし	あり	なし	なし
		10,000/日	
		10万	
10,000/日			10,000/日
10万			10万
100万			100万
	65歳		
	10年		
	40万×10'※3		
なし	200万※2	なし	なし
クレジットカード	口座引き落とし	クレジットカード	クレジットカード
終身	65歳まで	終身	終身
3,000	10,000	4,000	3,000

生命保険 (保証内容一覧)

		1	2
保険会社		A生命	B生命
保険種類		終身保険	医療保険
保険証券NO.			
契約日			
払込終了年齢		60歳	終身
保険期間・年金支払期間		終身	終身
契約者		夫	夫
被保険者		夫	夫
保険金・給付金受取人		妻	夫
死亡	死亡・高度障害	500万※1	なし
病気	入院給付金		10,000/日
	手術給付金		10万
	通院		
	女性		
	支払限度日数		
ガン	入院給付金		
	手術給付金		
	診断給付		
年金	開始年齢		
	支払期間		
	受取金額		
解約返戻金		300万※2	なし
保険料	支払方法	クレジットカード	クレジットカード
	払込期間	60歳まで	終身
	金額	20,000	5,000

※1　「みらいのお金シミュレーション」では、80歳時点で亡くなると想定

※2　資産一覧表の解約返戻金

※3　「みらいのお金シミュレーション」では、63歳から10年

担当者をとことん使って下さい！

いいですか。保険に支払うお金は、住居費の次に多いものです。もし毎月3万円払っていたとしたら、年間で36万円、10年で360万円、30年で1,000万円も超えてしまうのです!!

訳も分からないまま入っていて、見直しもせず、肝心な時に十分な保障を得られなかったらショックです。きちんと内容を把握しましょう。

これまでにもお伝えしてきましたが、保険は将来のための貯蓄もでき、保障と資産形成の両方の役割をしてくれるものです。お子さんがすでに社会人になっていれば、死亡リスクは小さくてもいいですよね。それより私たちにとって最大のリスクは、「長生きのリスク」です。長生きがリスクなんてあまりいい表現ではありませんが、それが現実です。

まずは、現状の保険一覧表を作ってみましょう。そして、一覧表を見て疑問がわいたら、プロに一度見てもらいましょう。保険に関しても、セカンドオピニオンが必要な時代です。

◆「みらいのお金シミュレーション」を作ってみましょう

次はライフプランの整理です。

これからの給料や、退職金がいつ出て、公的年金がいくらで、預貯金や保険の受け取り金額、生活費はこのくらいでと、ハッキリ分からなくても想定して、ざっくりした数字で大丈夫ですのでドンドン入れていって下さい。

サンプルの表では、ご主人が平均寿命の80歳で亡くなると想定。保険金を受け取り、年金や生活費も減らしています。また、生活費も今40万円で暮らしているところから、段階的に減らしていきます。

大体の金額ではありますが、妻が83歳の時にお金が底を尽きます。「では、どこをどうすれば、これを解消できるか」と考えていけばいいのです。

妻					合計	生活費	残高
給料	公的年金	個人年金	預貯金	その他			
ー	ー	ー	500,000	ー	4,500,000	ー	6,200,000
500,000					4,500,000	4,800,000	5,600,000
500,000					4,500,000	4,800,000	5,300,000
500,000					4,500,000	4,800,000	5,000,000
500,000					19,500,000	4,800,000	19,700,000
500,000					2,500,000	4,200,000	18,000,000
500,000					2,500,000	4,200,000	16,300,000
500,000					2,500,000	4,200,000	14,600,000
500,000					2,500,000	4,200,000	12,900,000
500,000					4,500,000	4,200,000	13,200,000
500,000					2,500,000	3,600,000	12,100,000
500,000					2,500,000	3,600,000	11,000,000
500,000	600,000	400,000			3,500,000	3,600,000	10,900,000
	600,000	400,000			3,000,000	3,600,000	10,300,000
	600,000	400,000			3,000,000	3,600,000	9,700,000
	600,000	400,000			3,000,000	3,600,000	5,500,000
	600,000				2,600,000	3,600,000	4,500,000
	600,000				2,600,000	3,600,000	3,500,000
	600,000				6,500,000	3,600,000	6,400,000
	600,000				1,500,000	2,500,000	5,400,000
	600,000				1,500,000	2,500,000	4,400,000
	600,000				1,500,000	2,500,000	3,400,000
	600,000				1,500,000	2,500,000	2,400,000
	600,000				1,500,000	2,500,000	1,400,000
	600,000				1,500,000	2,500,000	400,000
	600,000				1,500,000	2,500,000	-600,000
	600,000				1,500,000	2,500,000	-1,600,000
	600,000				1,500,000	2,500,000	-2,600,000
	600,000				1,500,000	2,500,000	-3,600,000
	600,000				1,500,000	2,500,000	-15,600,000
	600,000				1,500,000	2,500,000	-16,600,000

生活費40万円／月

生活費35万円／月

生活費21万円／月

5歳まで
ートで働く

年金受取り開始

個人年金保険を10年受け取る

84歳で貯金が底をつく

みらいのお金シミュレーション

夫								
西暦	夫	妻	給料	公的年金	退職金	保険	預貯金	株・投資信託
現在の残高			―	―	―	―	2,000,000	3,700,000
2019	57	54	4,000,000					
2020	58	55	4,000,000					
2021	59	56	4,000,000					
2022	60	57	4,000,000		15,000,000			
2023	61	58	2,000,000					
2024	62	59	2,000,000					
2025	63	60	2,000,000					
2026	64	61	2,000,000					
2027	65	62	2,000,000	2,000,000				
2028	66	63		2,000,000				
2029	67	64		2,000,000				
2030	68	65		2,000,000				
2031	69	66		2,000,000				
2032	70	67		2,000,000				
2039	77	74		2,000,000				
2040	78	75		2,000,000				
2041	79	76		2,000,000				
2042	80	77		900,000		5,000,000		
2043		78		900,000				
2044		79		900,000				
2045		80		900,000				
2046		81		900,000				
2047		82		900,000				
2048		83		900,000				
2049		84		900,000				
2050		85		900,000				
2051		86		900,000				
2052		87		900,000				
2064		99		900,000				
2065		100		900,000				

- 60歳定年で退職金を受け取る（2022年 退職金 15,000,000）
- 65歳まで継続雇用。収入は半減（2023年〜 給料 2,000,000）
- 年金受取り開始（2027年 公的年金 2,000,000）
- 平均寿命で死亡（2042年 保険 5,000,000）
- 遺族年金
  夫の老齢厚生年金の75%（2042年〜 公的年金 900,000）

やはり、生活費が大きな問題だということも見えてくるでしょう。漠然としていた不安がはっきりしてきます。はっきりは、すっきりにつながります。

これもやはり「見える化」です。この表は、自宅に住み続ける想定で作られていますが、破綻を防ぐために途中で売却するということも考えられます。また、病気や介護、家のリフォームのことはどうしたらいいのでしょう。こうやって様々な気づきや問題が出てきます。

それを解決するにはどうしたらいいか？　そこから、もっと働こうという気持ちや、どう生きていこうか、そんなことを考えるきっかけも生まれてきます。この数字をどんどん書き換え、未来をより具体的なものにしていきましょう。見える化すると、行動が変わります。行動が変わると、未来が変わるのです。

＊アラフィフはこんな問題を抱えている　case 5

お金のことが頭に入らない。
子どもは二人揃って私立大学へ入学したので、貯蓄する余裕なし。
〈夫52歳　妻50歳　共働き　子ども二人〉

バリバリ仕事をこなす美しいマダム。しかし……ことお金のことになると、まるで別人。しどろもどろの困ったさんに変身します。

実はこれ、芸術家肌の方に多くみられる、数字やお金に対する拒否反応だという人もいます。右脳左脳の働きによるのでしょうか。誰もが苦手なことはあるものです。やった方がいいと分かっていても、どうしても逃げたくなるものってありますよね。私にとっての運動が、まさにこれです。

でも、お金のことに関しては、苦手だと逃げているわけにはいきません。

生きていくために必要ですし、毎日使うものですから。この方も私と出会ってしまったのが運の尽きです。最初、こんなふうにおっしゃっていました。

「お金は殖やしたいし、将来のことは不安です。でも、どう頑張ってもお金のあれこれが頭に入らないんです。主人も私も共働きで、収入はそこそこあるはずなのですが、貯蓄ができなくて……。若いうちに結婚し、すぐに二人の子どもに恵まれ、必死に子育てをしてきました。保育料、塾代と、出費が続き、その上今は、二人とも私立大学に通っているので、貯蓄にまわしたいと思ってもできず、不安が募るばかりです」。

人生の中で3回お金を貯める時期があるとお伝えしました。独身の時、お子さんに教育費がかからない時、お子さんが社会人になってからリタイアするまでです。

ということは、逆に貯められない時期があるのです。この方のようにお子さんが大学生の時はなかなか貯蓄ができません。まして、二人とも私立に通っていたらなおさらです。

「今は、『お金を使う時期』と割り切ってしっかり使って下さい。そして、卒業後、定年までラストスパートで頑張ればいいのです」とお伝えしたら、その方のお顔がぱっと晴れたことをとても印象深く覚えています。

とはいえ、「あまりに不安なら、月々1万円、貯蓄性の保険で貯めませんか？」と提案しました。保険に何も入っていなかったですし、先取貯蓄で手をつけにくくするのが貯めるには一番簡単な方法。後はそのお金はないものとして暮らすだけです。

これでさらに気持ちは落ち着いたようです。

「夫に秘密の貯蓄ができるっていいですね。もし、自分の親に何かあったら、そのお金があてられるし、海外旅行に行くことを考えたりもできる。それだけで気分が随分違います。それから、家中にある保険証券を全部見てもらって、何が本当に必要で、何がなくていいものなのか整理していただいてとってもすっきりしました。余計な不安が簡単に消えました。やっぱり、プロにお願いすることって大切ですね」。

ごく普通のことしかしませんでしたが、こんな嬉しいことを言っていただきました。

- 自分の中の不安の正体をはっきりさせる。
- 保険も全部出して、いるものいらないものを整理する。

一度、チャレンジしてみて下さい。きっと苦手意識はなくなります。

Column

「将来のことは不安だけれど、何をどう相談したらいいか分かりません……」

実は、こんなふうにおっしゃる方がすごく多いのです。

先日お会いした方もそうでした。55歳の独身女性。おっとりした方で、あまりお金のことを考えずに来てしまったと恥ずかしそうにおっしゃいました。気にはなるけど、どうすればいいか分からないのはどなたも同じです。

手取年収300万円、貯金200万円、個人年金保険800万円。退職金は転職して5年なので、たいしてもらえない。支出はボーナス分40万円を貯めているので、月々約21・7万円。ご家族は、九州のご実家にお母さま一人。あとは結婚しているお姉さまが一人。

お聞きした数字を「みらいのお金シミュレーション」に入れてみたら、残念ながら、82歳でマイナスになってしまいました。もちろん、まだ確定していないこともありますので、ざっくりですが、まずは現状を見ていただきました。

「今のままでは、まずいとは思っていたけれど、82歳でお金がマイナスとは……」。

あなたならどうしますか？

この後、収入を増やすこと、支出を減らすこと、資産を殖やすこと、相続のことなどいろいろお話しました。ご相談終了後、こんなふうにおっしゃいました。

「正直、まずいだろうとは思っていましたが、マイナスの赤い数字をみたら、やるしかない！　とかえってスッキリしました。まずは、収入を増やさないとですね。65歳で仕事は辞めたいと思っていましたが、70歳くらいまではなんとか働くことを考えます。相続のこともいずれ母が亡くなれば、自宅と預貯金を姉と分けることになるから、少しはあてにできるかもしれないですね。母や姉と今後のことを少し話してみます。それと、無駄遣いはしていないつもりでしたが、支出を見直すために次回の面談まで家計簿をつけてみます」。

そして、1カ月後またお会いするお約束をしました。一緒にさらに具体的な作戦を考えていきます。

実際に数字にしてみると、問題点も見えやすくなり、次の一歩を進めやすくなります。「みらいのお金シミュレーション」にぜひ、あなたのことも入力してみて下さいね。

みらいのお金シミュレーション

西暦	年齢	給料	年金	保険	貯金	その他	合計	生活費	残高
–	–	–	–	–	–	–	2,000,000	–	2,000,000
2019	56	3,000,000					3,000,000	2,600,000	2,800,000
2020	57	3,000,000					3,000,000	2,600,000	3,200,000
2021	58	3,000,000					3,000,000	2,600,000	3,600,000
2022	59	3,000,000					3,000,000	2,600,000	4,000,000
2023	60	3,000,000					3,000,000	2,600,000	4,400,000
2024	61	1,200,000					1,200,000	2,000,000	3,600,000
2025	62	1,200,000					1,200,000	2,000,000	2,800,000
2026	63	1,200,000	600,000				1,800,000	2,000,000	2,600,000
2027	64	1,200,000	600,000				1,800,000	2,000,000	2,400,000
2028	65	1,200,000	1,300,000	800,000			3,300,000	2,000,000	3,700,000
2029	66		1,350,000	800,000			2,150,000	2,000,000	3,850,000
2030	67		1,350,000	800,000			2,150,000	2,000,000	4,000,000
2031	68		1,350,000	800,000			2,150,000	2,000,000	4,150,000
2032	69		1,350,000	800,000			2,150,000	2,000,000	4,300,000
2033	70		1,350,000	800,000			2,150,000	2,000,000	4,450,000
2034	71		1,350,000	800,000			2,150,000	2,000,000	4,600,000
2035	72		1,350,000	800,000			2,150,000	2,000,000	4,750,000
2036	73		1,350,000	800,000			2,150,000	2,000,000	4,900,000
2037	74		1,350,000	800,000			2,150,000	2,000,000	5,050,000
2038	75		1,350,000				1,350,000	2,000,000	4,400,000
2039	76		1,350,000				1,350,000	2,000,000	3,750,000
2043	80		1,350,000				1,350,000	2,000,000	1,150,000
2044	81		1,350,000				1,350,000	2,000,000	500,000
2045	82		1,350,000				1,350,000	2,000,000	-150,000
2046	83		1,350,000				1,350,000	2,000,000	-800,000
2047	84		1,350,000				1,350,000	2,000,000	-1,450,000
2048	85		1,350,000				1,350,000	2,000,000	-2,100,000
2053	90		1,350,000				1,350,000	2,000,000	-5,350,000
2058	95		1,350,000				1,350,000	2,000,000	-8,600,000
2063	100		1,350,000				1,350,000	2,000,000	-11,850,000

月21.7万円で生活

月16.7万円で生活

月10万円

個人年金保険
80万円×10年間

82歳で
マイナス!

chapter 6

おさらい

1

資産一覧表を作ることは、
家族への愛

2

保険一覧表を作ると、
保証内容がはっきり分かって、
ものすごく心がすっきり

3

未来が見えると、
人生へのモチベーションが上がる

chapter

7

みんながしあわせになる相続&贈与

しあわせに相続しよう！

いよいよ最終章となりました。
さて、50代は親の遺産相続を考える時期でもあります。
これは待ったなしでしょう。みなさんは、何か準備をしていますか？
セミナーなどでも同じ質問をしてみると、
ほとんどの方が何から手をつけていいか分からないと答えます。
そして一番多いのが、「ウチはお金がないから大丈夫！」です。
やれやれ、こんな風におっしゃる方に限って、見事に揉めます。必ずです。
だれだって、揉めたくありませんよね。
だけど、もらえるものはもらいたい。これだって本音です。
さて、そもそも親がいくら持っているかなんて、
聞くに聞けないという声もあります。
中には、相続の話をし始めたら、「ワシに死ねと言うのか～！」と
お父様が怒り出した、なんてこともよく聞きます。

でもね、親は、きょうだい仲良く、豊かでしあわせに暮らしてほしいはず。
だったら、しあわせに相続するためにちゃんと話し合うべきなんです。
そして、来たるべき時に備えて、相続の勉強もしましょう。
だって、これは、私たちの老後資金にもなるお金です。
少しでも多いに越したことはありません。そう思いませんか？
「お父さん、お母さん、ご先祖さま！　ありがとうございます！」と
きょうだいで仲良く、喧嘩せず、遠慮せず受け取りましょう。
そして、余ったら、またあなたから子や孫のしあわせに
つないでいけばいいのです。ですから、親子、きょうだいみんなで
知恵を出し合って、みんなが豊かに暮らせるよう学んで下さいね。
まず、あなたがすることは、4章にあった三つの表を作ることです。
そして、自分の頭の中を整理整頓しましょう。
きちんとした数字を提示しながら、落ち着いて両親、きょうだい、
子どもたちと話すことが重要です。家族に対して、「誰もやってくれない」
「分かってくれない」と言う前にまずは自分から動き出しましょう。

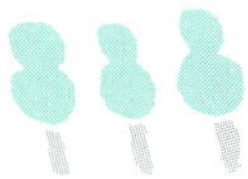

◆親が亡くなる前にすべきことは、三つ

「争族」なんていう言葉もありますね。嫌な言葉です。相続にあたっては、次の準備をすればOKです。意外に簡単です。さぁ、一つひとつすっきりさせていきましょう。

❶ 財産をまとめておく
❷ 分け方を決め、各自に了承を得ておく
❸ 将来売れなくなるであろう不動産を売っておく

それぞれ詳しく説明していきます。

❶ 財産をまとめておく

親の財産がどのくらいあるか把握しましょう。ご両親だって、実際にご自

分がどれくらいの資産をお持ちか分かっていないかもしれません。ですから、まず、あなたが「資産一覧表」（197P参照）を作り、親にも同じように作ることを勧めてみましょう。

自分の財産を見せるのに抵抗があるようであれば、白紙のものを見せ、一緒に作るといいでしょう。

親の財産は、あなたの老後の計画・老後資金にも関わることです。そして、この作業だけでもやっておいてもらえると、亡くなった後の手続きがずいぶん楽になります。

❷ 分け方を決め、各自に了承を得ておく

財産が分かったら、次の二つを親に頼みましょう。それは、財産の分け方を決めることと、財産を受ける方々に了承を得ること。またきょうだい間でも、親が決定したことを共有するなどして、意思疎通をはかっておきましょう。これらをきちんとやっていれば、揉めずに済みます。

③ 将来売れなくなるであろう不動産を売っておく

現在売るのに苦労している家や土地は、将来ますます売れなくなります。それなのに固定資産税を払ったり、管理に手間やお金がかかっていては、割に合いませんよね。親が認知症などになって、資産に手がつけられない状態になってしまったらそれこそ手遅れです。

揉めるのはお金持ちというイメージがあるかもしれませんが、実際はそうではありません。お金持ちのご家庭は、相続対策をしていることが多いですし、分けたとしてもある程度の遺産を受け取れます。さらに、お子さんの収入も多い傾向にあり、「私はいらないから、あなたたちで分けて」と相続放棄するケースも見受けられます。ですから、想像されるほどには、揉めずに済むのです。

ところが、資産の少ない場合は、何の準備もしていない上に、少しでも多く欲しいと揉めるのです。遺産３００万円のお宅が弁護士をたてて争ったなんて話を聞いた時は、勝ったとしてもいったいいくら受け取れるのかと複雑な気持ちになりました。

相続で揉める根底に、親御さんから「愛された」と実感したいという気持ちが見えることがあります。揉めないためには、親としての想いをちゃんとお子さんに伝えること。照れ臭いかもしれませんが、これが大切なのです。家族の間で気持ちを伝えあうこと。考え方が違ったとしても、協調し合える家族の存在は何よりの財産なのです。

◆ 相続税を払う人は、わずか？

相続税は誰にでもかかるものではないことをご存知ですか？ 相続税には控除額がありますので、相続税がかからないお宅の方が多いのです。

相続税の基礎控除額は、こうやって計算します。

3,000万円＋600万円×法定相続人数

そして、課税される相続財産の額がこの金額を超える場合にだけ相続税がかかります。例えば、夫婦に子ども二人のご家庭で夫が亡くなったとすると、法定相続人は妻と子ども二人の三人。

3,000万円＋（600万円×3人）＝4,800万円

4,800万円までの財産でしたら、相続税はかかりません。それ以上、相続財産があった場合、控除額を超える分に相続税はかかってきます。相続税がかかる場合は、相続税を払う準備と遺産分割の方法を考えなければなりませんが、「相続税を払わなくていい」と分かると、遺産分割の方法を考えるだけです。そう思うと、ずいぶん気が楽になりますよね。

だからこそ、早めに相続も「見える化」してしまった方がいいのです。相続税がかかるかかからないか、ギリギリのケースでは、専門家に相談して相続方法を工夫しましょう。いずれにしても、財産を見える化してあることと、親兄弟がこのことについて気軽に相談できる仲であることが、なにより大切です。

◆ 相続税軽減対策

相続税がかかるようなら、軽減できないかを検討しましょう。税の負担を軽くするには、生前に財産を贈与して減らしたり、不動産を活用して財産の評価額を下げる方法があります。ただし、やみくもに行うと、相続争いの原因になったり、贈与税がかかったり、賃貸不動産の経営が重荷になったり、なんてことにもなりかねません。

そのため、相続税・贈与税の非課税枠を上手に活用し、ご家族でよく話し合っておきましょう。

1 生前贈与し、相続財産を減らす

贈与税には、財産をもらった人ごとに1年あたり110万円の非課税枠があります。それ以外にも、結婚20年以上の夫または妻に自宅や自宅の購入資金を贈与する場合は、一定の条件を満たせば、110万円の他2,000万円の非課税枠が加算されます。また、子や孫へ住宅取得の資金や教育資金または結婚・子育て資金の贈与にも非課税枠があります。

2 生命保険の相続税の非課税額を活用する

保険以外の金融商品には、相続税の非課税枠はありませんが、生命保険には「500万円×法定相続人の数」という非課税枠があります。

3

小規模宅地等の特例を活用し、土地の評価額を下げる

特定の要件を満たせば、自宅の敷地の相続税評価額を80％減らすことができます。また、事業に活用していた宅地についても400㎡までは相続税評価額を80％減らすことができます。（事業が不動産貸付業の場合は50％）ただし、この特例を利用するためには、特定の要件などがありますから、詳細については、税理士または税務署にお問い合わせ下さい。

4

不動産を有効活用することで評価額を引き下げる

相続税を計算する時の評価額は、土地は地価公示価格の8割程度、家屋は建築費の6から7割程度といわれています。賃貸不動産であれば、さらに評価額が減らされます。しかし、賃貸マンションなどを建設するために借入をする場合、本当に借金をしてまで行った方がいいのかよく検討する必要があります。

◆相続で少しでも揉めないために――生命保険を活用

「子供には何も残さない」とおっしゃる親御さんは案外多いのですが、どんな方でも亡くなれば、何らかの財産を残します。それが金融資産だけならいいのですが、不動産など分けにくい財産の場合もあります。

相続税は、相続発生後10カ月以内に原則現金で一括納付しなければなりません。残されたご家族が相続で争い、悲しい思いをしないためには、相続税の軽減対策だけでなく、

- 相続財産を分けやすくしておく
- 相続税の納税資金を準備しておく
- 不平等感のない分け方を考えておく

といった準備が必要になります。そのためには、ある程度まとまった現金

が要ります。それには、生命保険が役立つのです。生命保険はほとんどの場合、支払った保険料より高額な保険金を受け取れます。そして何より、受取人の受取割合を最初に指定し、トラブルを未然に防ぐ対策をとれるのです。ちなみに、ここでいう生命保険は、医療保険やがん保険などではなく、亡くなったら受け取れる死亡保険のことを指します。

1 相続税の非課税枠（500万円×法定相続人の数）を使える

例えば、父親が亡くなって、母親と子ども二人が残された場合、法定相続人は三人。500万円 × 三人 ＝1、500万円までは、非課税になります。

保険以外の金融商品には、相続税の非課税枠はありません。死亡保険金として受け取る1、500万円は非課税になりますが、銀行預金として受け取る1、500万円には相続税がかかります。ですから、この銀行預金を一括払いし、保険に加入します。お金の置き場所を変えるわけです。高齢者の場合は、健康上の理由で保険に加入できないことが多いですが、一時払いの貯蓄性の保険は、職業告知で加入することができるものがほとんどです。そして、ご家族が受け取る死亡保険金は、一括で支払った保険料を上回るというメリットもあります。

2

納税資金を準備できる

不動産が主な資産の場合、売却して相続税を納めたくてもすぐに売れるとは限りません。しかし、相続税は相続発生後10カ月以内に原則現金で一括納付しなければならず、待ったなしです。そんな場合も保険金を納税資金にあてることができれば助かります。

3

生命保険金受取人を指定することにより争いを避けられる

相続税がかからないとしても、「争族」を避けるために保険は有効です。保険金は、遺産分割協議とは関係なく、受取人の口座に直接振り込まれますし、銀行口座のように凍結されることがありませんから、すぐに現金として使えます。葬儀費用にあてることもできますね。そして何より、法定相続人ではない、2親等以内の血族（子がいる場合の孫、親がいる場合のきょうだい）に保険金を残すことができます。つまり、法律に関係なく、自分が残したい家族に残すことができるのです。

また、法定相続人を受取人にした場合も法律で定められた分割割合とは異なって、自分の意思で、保険金を渡すことができます。例えば、他に別居している長男がいても同居していた次男を100％受取人にすることができたりします。

4

「代償分割」の備えになる

不動産を相続する人が、不動産を相続する代わりに他の相続人にお金などを支払う方法を「代償分割」といいます。「相続で争ってほしくないから、自宅も預金も子どもたちに平等に分けたい」と考える方が少なくありません。そこで問題になるのは、不動産（自宅）です。

財産が現預金だけなら、平等に分けることは簡単ですが、不動産を均等に分けることは困難です。分けるのをあきらめ、不動産を【共有名義】

にするご家庭も多く見受けられます。しかし、一人が「売って現金にしたい」と思っても、他の名義人の同意が得られなければ、売却はできません。また、年月が経ち、きょうだいが亡くなり、それぞれの子どもや孫への相続が発生すると、共有する人がどんどん増えて、ますます売るに売れない不動産となってしまいます。これでは、せっかく残した自宅が子どもや孫たちを巻き込んだ争いのもとになりかねません。

例えば、図のように父親が亡くなり、相続財産を三人の子どもたちで分けようと思った時、同居していた長男が、3、000万円の自宅を相続するとします。他のきょうだいには、預金1、000万円ずつそれぞれに分けるとするとどうなるでしょうか。このままでは、長男の相続分が多く、平等にはならず、揉めることになりかねません。

こんな場合は、不動産を相続する長男が他のきょうだいに差額を渡せば、丸く収まります。しかし、長男に4、000万円の現預金がなかったら困ったことになりますね。そこで、父親は長男を受取人に4、000万円の生命保険に加入しておくのです。そうすれば、亡くなった後、長男はその保険金を他の兄弟に渡し、全員が3，000万円受取ることができ、バランスが取れます。

これは使い勝手のいい方法だと思います。しかし、生命保険は健康でなければ、加入することができません。まだ親御さんが元気なうちに将来の相続を想定し、円満に分割する方法を考えておくことが何より大事なのです。

自分の財産でシミュレーションしてみると、親の財産の相続についてもイメージしやすくなります。まずは自分の相続から整理してみて下さいね。

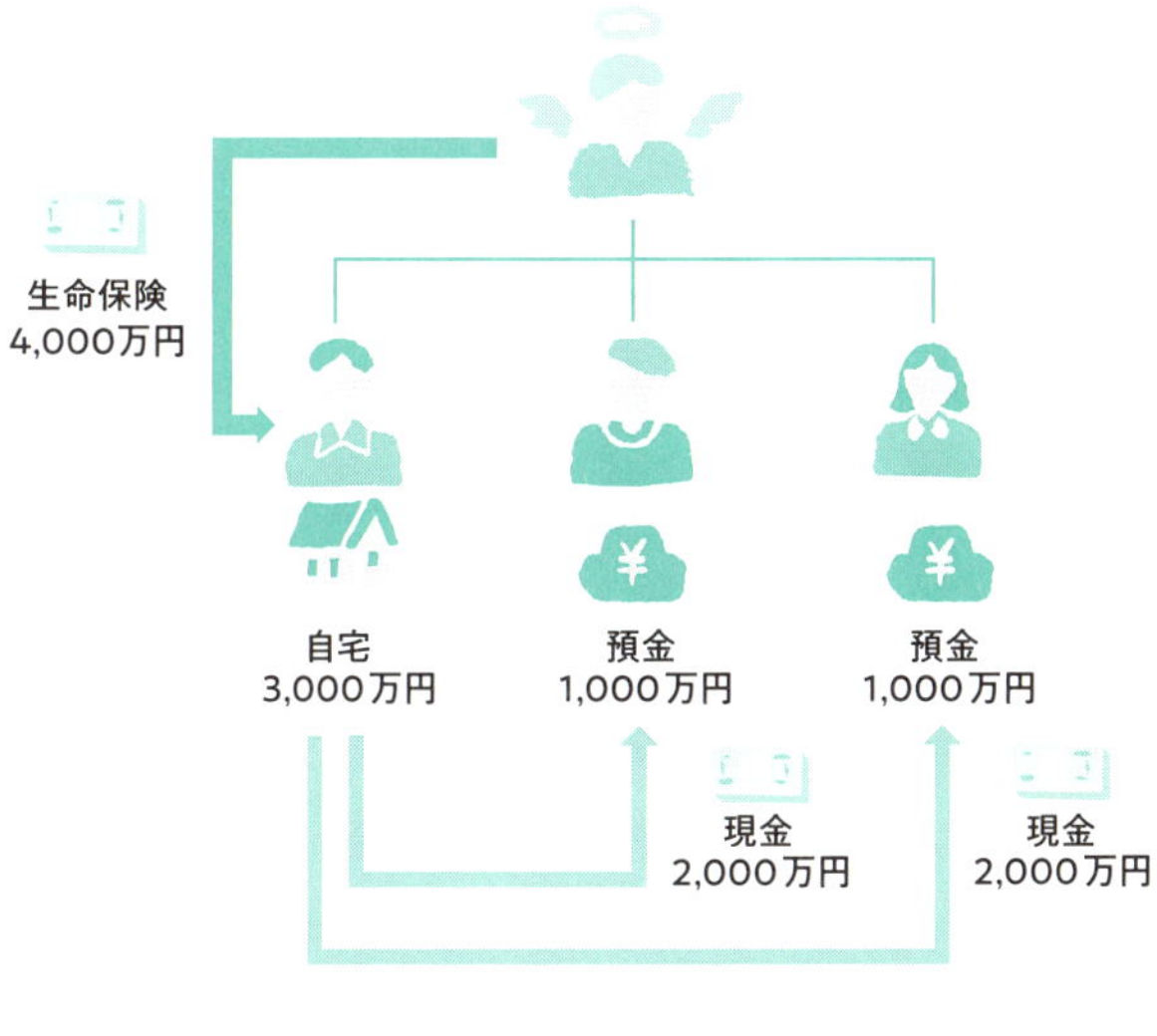

◆〝すぐ使えない〟保険で賢く生前贈与

相続対策として、生きているうちに財産を分ける「生前贈与」を検討する方も多いと思います。贈与税は、その年の1月1日から12月31日の間に贈与した財産の課税価格から基礎控除110万円を差し引いた後の金額に対してかかります。

つまり、1年間に贈与を受けた財産の合計額が110万円以下であれば贈与税はかかりません。今から少しずつお子さんに財産を渡すことで相続税を減らすことができるのです。

とはいえ、「現金で渡してしまったら、すぐに使ってしまうのでは?」という心配もなきにしもあらずですよね。

子どもに内緒で、財産を渡せればいいのですが、贈与には「この資産をあげます」「この資産をもらいます」という、贈与者・受贈者相互の認識が必要。子ども名義でこっそり預金すると、双方の合意がないため、相続税の税務調査において「名義預金」とみなされ非課税の贈与ではなく、相続財産となる可能性があります。ご注意下さい。

そのためには、子どもが受け取ったお金をすぐに使わないよう、そして、税務調査でも認められるよう、生命保険を活用して「生前贈与」をすることをお勧めします。子どもが生命保険に加入し、毎年、親が子どもに保険料を現金で渡し（贈与）子どもが自分の口座から保険料を引き落とすようにするのです。

生命保険は、契約期間が長く、保険料払込期間が長期なので、一定の期間をかけて財産を贈与することができます。そして、現金と違い、すぐに使えませんので、無駄遣いを防ぐことができます。さらに、貯蓄性の保険を使えば、お子さんの資産をさらに増やすことも可能。この場合の生命保険契約は、被保険者を親にするか、子どもにするか、がほとんどです。具体的に見ていきましょう。

❶ 契約者…子　被保険者…親　受取人…子

親が亡くなった際、子どもが死亡保険金を受け取ります。この保険金は所得税（一時所得）の課税対象になり、（死亡保険金－払込済み保険料－50万円）×1／2として所得税（一時所得）を計算し、一般的に相続税で課税される場合に比べて、税負担が少なくなるというメリットがあります。

❷ 契約者…子　被保険者…子　受取人…親、配偶者、孫（子の子）など

子どもが、自分や自分の家族のために加入する保険。生前贈与するものが、簡単に使える現金ではなく保険なので、保障や将来のための資産形成に役立てることができます。

生命保険料として贈与する場合、その保険料が親から子へ贈与されたものだとはっきり分かるように、以下の点に注意する必要があります。

- 毎年、贈与契約書を作成し、親子双方で保管しておく
- 贈与者（親）ではなく、受贈者（子）の生命保険料控除とする
- 生命保険料の引落口座は、受贈者（子）の口座から行う

この他、相続開始3年前以内に贈与した財産、つまり亡くなる前3年間に贈与した財産は、贈与ではなく、相続財産としてみなされますので、注意が必要です。

◆独身の兄弟姉妹がいたら

今どき、きょうだいが二人で一方が独身というご家庭は珍しくないでしょう。お子さんのいない夫婦もいずれは一人になります。その人が、将来、介護状態になったらどうしますか？ 自分の子どもたちに負担がかかるかもし

れませんね。そういう方が親族にいるのなら、早めに考えておきましょう。介護状態になった時、誰が面倒を見るのか。そのきょうだいがどのくらい老後のお金を用意しているかということも、それとなく親から聞いてもらうなどして、シミュレーションできることはしておきましょう。

折りを見て、本人に、老後をどう考えているのか聞いてみて下さい。昔に比べて家族の人数は減っています。今は、家族でチームを作って協力し合って老後を考えなければならないのです。

◆ 公正証書遺言を作る

相続に関しては、遺産分割する際に遺言書があるととても楽です。どんな分け方をしても若干の不満は出るものです。ですから、まずは遺言を書くこと。そして、どういう考え方で分けるかということを、元気なうちにお子さんたちに話し、了承を得ておくことがベストです。

そして遺言書は、公正証書遺言を作りましょう。公正証書遺言とは、公証役場の公証人に遺言内容を伝え、公証人に作ってもらう遺言書です。といっても、なかなか作成に踏み出せない方が少なくありません。

でも実は簡単なんです。私も、数年前、公正証書遺言を作成してみました。まず、公証人役場に予約を入れ、相談に。「ウチは夫婦だけの世帯だから遺言書を作成したい」と。そこでまず言われたのは「財産一覧表を作って下さい」ということでした。後日、一覧を作って持参。すると、遺言書に入れる文章を、公証人の方が考えて下さいました。

私の場合は、全財産を夫に相続してもらうので、内容的には「全財産配偶者が相続する」ということだけなのですが、法的に不備のない文章を作成して下さるのです。ここは自分が考える必要が無く、下準備をするだけで済んでしまいます。その後は、「これでいいですか」といったようなメールのやり取りを数回。何度も公証人役場へ行く手間もなく、忙しくてもあまり負担には感じませんでした。

こうして、〝結局全部やってもらって〟遺言書が完成。保証人を二人立てるのですが、それは友人に頼みました。

一方、自筆の遺言でもいいという方もいます。公証人役場へ行かなくて済むし、手間もかからず、楽だと。ですが、自筆のものは、内容に問題があって無効になったり、そもそも発見されなかったり、あるいは、亡くなって数年後に発見されトラブルのもとになる、といったことがあるので注意が必要です。

公正証書は、100万円以下は5,000円、3,000万円から5,000万円は2万9,000円など、相続額によって手数料はかかりますが、全国のデータベースに入るという点でも安心です。失くしたとしても、全国どこの公証役場でも出すことができます。亡くなった後に人に迷惑をかけないため、あらかじめできる準備の一つが遺言書です。だからこそ、きちんとした公正証書で残しておくことをお勧めします。

中でも、一番残しておくべきは子のない夫婦。揉める原因になります。なぜか。例えば夫が亡くなった場合、妻の法定相続分は夫の親が生きていれば3分の2、親が亡くなっていたとしても兄弟姉妹がいれば、4分の3しかありません。100%相続できないのです。

夫のきょうだいから「4分の1ちょうだい」と言われてしまったら、分けなければなりません。もし遺産のほとんどが不動産だったら、現在住んでいる住居、夫婦の思い出がある家を売却して、その代金で分割しなければならないこともあります。

◆ あなたがお金から目を背けると、子や孫はもっと貧乏に

賢いお金持ちは、お金のことを三世代で考えています。自分のことだけでなく、子どものことも親のことも。兄弟姉妹、両親の兄弟も含めて。親や子が経済的な問題を抱えていると、それはあなたの生活を脅かすリスクになり

ます。

まず、子どものマネー教育の重要性についてお伝えしておきましょう。今、子どもを育てるには大変なお金がかかります。50代で、まだ教育費のかかるお子さんをお持ちの方は、まさに今実感していることでしょう。

でも、子どもの金銭感覚がきちんとしていれば、この子どもの存在は、将来あなたを救うことになります。よく「老後は、子どもの世話にならない」とか「子どもには何も残さない」という方がいます。でも実際問題、それは無理です。

現在の高齢者であれば、子どもに経済的な世話をかけないというのは、ある程度可能です。けれど、これからはそうはいきません。年金が少ないですから、今の親たちのような暮らしはできません。これを読んでいる方は、今から何とかしようと思っているでしょう。それでも足りなかったら……。親が生活に困っていたら、そんなときは、子どもがある程度助けてくれるのではないでしょうか。

子どもには、何かあった時に、こちらが頼れるくらいの経済力をつけておく必要があるのです。自分のためにも子どもが貧乏だったら困るのです。もちろん、子どもを頼る前提ではないですが、きちんとマネー教育をして、経済力をつけさせておくことは大事なことです。

もう一つ。「子どもには何も残さない」と言っても、ぴったりゼロにして亡くなることはほぼ不可能。何かは残ります。お子さんが、相続した資産をすぐに使い切ってしまわず、さらに殖やすことができるように、今のうちから資産形成の知識を身につけさせてほしいのです。

何の知識も持たないままあなたが亡くなって、通帳のありかも、保険の請求先も分からず、何をどうしていいのか途方に暮れるような事態になったら、お子さんが苦労することになります。

あなたが高齢になって、管理能力が衰えても、お子さんがしっかりしていてくれたらどうでしょうか？

老後のお金を準備するのと平行して、お子さんにマネー教育をして下さい。

家族みんなが豊かでしあわせに暮らすために、まずは、あなたが始めるのです。

私のマネーセミナーに親子で参加される方もいらっしゃいます。若い方は吸収も早いですし、自分の未来のことですから、目をキラキラさせて受講してくれます。お子さんは親が思っている以上にしっかりしています。

あなたの親御さんからあなたへ、あなたからお子さんへ、そしてお孫さんへ。お金のことは、親子三代で考える！　お金のことをちゃんと考えることは、あなたとあなたの大切な家族がしあわせに生きるために必要なことなのです。

Column

70歳からはトランク一つで

将来のお金のことを考え、一つずつ整理し、お金と向き合っていくと、自分の人生の方向性も見えてきます。どんなふうに生きていきたいか自ずとはっきりしてきます。

私は、お金やモノに煩わされず、シンプルにすっきりと暮らしていくことが理想の生き方です。

「70歳からはトランク一つで暮らす」が目標。50代になると、これからの人生を考えずにはいられません。やはり、お金のことは気になります。「リタイアした後、いくらあれば大丈夫かしら……」と誰しも思うはず。

では、たくさんお金があればいいのでしょうか。現実問題、収入は限られていますから、準備するにも限度があります。ですから、まずはどう暮らしていきたいかを考えることが大切です。

突き詰めていけば、モノもそんなにいらないことが分かってきます。溢れるほどのモノたちは、残念ですが、人生の後半戦をしあわせにしてくれるどころか、悩みの種を運んできます。

例えば、お金に余裕があって何千万円もするような豪華な老人ホームに入るとしても、あなたのスペースは一部屋しかありません。つまり大金を持っていたとしても、少しの荷物しか持っていくことができないのです。洋服をたくさん持っていたとしても、そこには90センチ幅のクローゼットしかないかもしれません。

これからは余計なモノもコトも抱え込まず、自分の目指す暮らしに合った、お気に入りのモノだけで生きていくことを考えましょう。

結局、貯めていいのはお金だけなんです！

ぜひ今日から
「2分de家計簿」
（エクセルシート）を
やってみてください。

1 スマホのカメラを起動させ撮影画面に下記のQRコードを入れてください。

2 ダウンロード画面へのアクセス先が表示されます。

3 タップするとダウンロードページが表示されます。

4 そのURLをコピーして、家計簿をつけるPCにメールで転送し、ダウンロードしてください。

※ スマホやPCの環境やエクセルのバージョンによっては表示できない場合があります。

＊ 参考資料

- 生命保険文化センター
  http://www.jili.or.jp/research/report/chousa10th.html
- 日本年金機構「ねんきんネット」
  https://www.nenkin.go.jp/n_net/index.html
- 厚生労働省　平成29年度簡易生命表
  https://www.mhlw.go.jp/toukei/saikin/hw/life/life17/index.html
- 金融庁　「あなたとＮＩＳＡ」
  https://www.fsa.go.jp/policy/nisa2/index.html
- ｉＤｅＣｏ公式サイト
  https://www.ideco-koushiki.jp/

◆松井信夫 著 「銀行では絶対に聞けない資産運用の話」 書肆侃侃房
◆松井信夫 著 「なぜ人は損をするのか?」 書肆侃侃房
◆松井信夫 著 「達人が教える! ハナコの資産運用術」 現代書林
◆中野晴啓 著 「個人型確定拠出年金iDeCoで選ぶべきこの7本!」 ビジネス社
◆五十嵐明彦 著 「子どもに迷惑かけたくなければ相続の準備は自分でしなさい」 ディスカヴァー・トゥエンティワン
◆リンダ・グラットン アンドリュー・スコット 著 「LIFE SHIFT 100年時代の人生戦略」 東洋経済新報社
◆枡野俊明 著 「人生が豊かになる 禅、シンプル片づけ術」 河出書房新社
◆ドミニック・ローホー 著 「「限りなく少なく」 豊かに生きる」 講談社
◆有元葉子 著 「使いきる。有元葉子の整理術」 講談社

深川恵理子（ふかえり）
fukagawa eriko

◆ファイナンシャルプランナー（ＡＦＰ）
◆家計の整理整頓アドバイザー
◆日本終活士協会理事
◆相続士
◆日本証券業協会二種外務員
◆ＰＷＭ日本証券ＩＦＡ
◆「みらいのお金クリニック」
アルシアコンサルティング株式会社 勤務

20代後半、創業２００年のアメリカのファッションブランド・ブルックスブラザーズに転職。その後コミュニケーションスキルが評価され、外資系生命保険会社にスカウトされる。

現在はファイナンシャルプランナーとして、アラフィフ世代を中心とした女性のお金の悩みを解決。ファッションセンスの良さを活かした「クローゼットからマネープランまでのトータルコンサルティング」を得意とする。結婚10年でローンを組まずに世田谷区にマンションを購入した経験から、セカンドライフに向けた資産形成、また誰でもできる「2分de家計簿」のつけ方なども伝授。「部屋がきれいな人はお金も貯まるファイナンス美人」をモットーに年間１００件以上のマネー相談を実施している。

https://www.fukaeriblog.com

たった2分！
50歳からのガマンしない貯蓄術

2019年5月1日　初版第1刷発行

著者　深川恵理子

編集協力　城家園子
編集協力　株式会社一凛堂
企画協力　稲垣麻由美　NPO法人企画のたまご屋さん
ブックデザイン・イラスト　窪田実莉

発行者　安在美佐緒
発行所　雷鳥社
〒167-0043　東京都杉並区上荻2-4-12
tel 03-5303-9766
fax 03-5303-9567
web www.raichosha.co.jp
mail info@raichosha.co.jp
郵便振替　00110-9-97086

印刷・製本　シナノ印刷株式会社

ISBN 978-4-8441-3755-9 C0033